療癒關係的正向溝通法

非暴力溝通

促進內在和平、建立外在和諧，
揭開深層人際關係的祕密，
關於「溝通」的七堂實踐課！

曉雅——著

NONVIOLENT COMMUNICATION

探索言語背後的情感力量

學習如何用心聆聽、深刻理解，透過每一次對話接起心靈裂縫，
從家庭到職場，父母到伴侶，引領你走向更和諧的人際關係，
讓每一次溝通都成為心靈成長和相互理解的機會！

目錄

自序

第一課　什麼是「非暴力溝通」

溝通是一種思維方式……………………………………014

本書是《非暴力溝通》的本土化……………………015

暴力之樹……………………………………………017

萬物起源……………………………………………019

恐懼模式……………………………………………021

自由模式……………………………………………025

情緒來源……………………………………………029

情緒遊戲……………………………………………031

馬斯洛需求…………………………………………033

需求差異……………………………………………034

第二課　療癒父母關係：與父母的非暴力溝通

穿越「非暴力溝通」的五個步驟………………………040

生理父母和精神父母……………………………………046

目錄

期待傷了你 ……………………………………… 051

你並非毫無選擇 ………………………………… 056

為什麼是我 ……………………………………… 058

這是父母功課唯一的出路 ……………………… 062

第三課　療癒伴侶關係：與伴侶的非暴力溝通

真正的相處開始了 ……………………………… 066

親密關係的幸福度 ……………………………… 069

不僅是溝通的問題 ……………………………… 072

理想伴侶是如何煉成的 ………………………… 073

我們喜歡的是自己 ……………………………… 074

我們欣賞的是差異 ……………………………… 075

三觀合不代表事事合 …………………………… 077

負面標籤讓隔閡產生 …………………………… 079

性格各有不同 …………………………………… 081

與更大的自我合一 ……………………………… 084

為何婚姻中越來越不幸福 ……………………… 086

課後思考 ………………………………………… 087

第四課　療癒親子關係：與孩子的非暴力溝通

生理父母和精神父母 …………………………………… 090

親子關係是父母關係的摺疊 …………………………… 093

被喚醒的內在小孩 ……………………………………… 095

手機遊戲很困擾 ………………………………………… 100

身教的陪伴 ……………………………………………… 104

父母和孩子，是兩條曲線 ……………………………… 106

第五課　改變職場關係：用非暴力溝通進階事業

職場溝通必備原則 ……………………………………… 112

功能性的溝通 …………………………………………… 113

目標要明確 ……………………………………………… 115

多用敬語 ………………………………………………… 116

多用書面溝通 …………………………………………… 117

明確需求 ………………………………………………… 118

提前預約 ………………………………………………… 120

明確意思 ………………………………………………… 122

把握場合 ………………………………………………… 123

公私分明 ………………………………………………… 124

目錄

不談醜聞 ……………………………………………… 125

團隊精神 ……………………………………………… 126

不要越位溝通 ………………………………………… 127

個人形象 ……………………………………………… 129

講究距離 ……………………………………………… 131

第六課　協調現實生活：非暴力溝通實用指南

暴力之根來源於二元對立 …………………………… 137

受害者的感覺 ………………………………………… 140

受害者的感覺是一種假象 …………………………… 141

道德的制高點 ………………………………………… 144

只有跳出戰爭才有和平 ……………………………… 146

自我成長的力量 ……………………………………… 148

溫和而堅定 …………………………………………… 151

尊重和接納 …………………………………………… 154

外向和內向 …………………………………………… 156

每個人都不一樣 ……………………………………… 157

第七課　與自己和解：創造內外舒展的人生

根源學習法 …………………………………………… 160

看見就是療癒 ………………………………………… 162

成長蛻變的兩種途徑 ………………………………… 163

覺知是改變的第一步 ………………………………… 164

世間最珍貴的是心法 ………………………………… 166

做真實的自己 ………………………………………… 168

順應內心，行為才會順暢 …………………………… 171

核查一下目標 ………………………………………… 175

成長是過程，不是結果 ……………………………… 176

眼光向內看 …………………………………………… 177

成長是向內的需求 …………………………………… 180

更真實的自己 ………………………………………… 183

回歸愛的初心 ………………………………………… 184

願你對自己不離不棄 ………………………………… 186

金句總結

目錄

自序

很多時候，不是關係出了問題，而是溝通出了問題。

中國有一句俗語，叫「刀子嘴豆腐心」，形容一個人內心柔軟善良可是嘴巴厲害，講的話像刀子一樣傷人。

每當我們聽到不好聽的話，我們總是用這句話來安慰自己。「算了吧，他是刀子嘴豆腐心」。我們用這句話來提醒自己，對方的動機是好的，對方並不是故意來傷害我的，他只是不會說話。

可是這樣的安慰只能暫時安撫我們焦躁的大腦，並不能撫平我們受傷害的感受。尤其是當這個人是我們最親近的人時，這種無奈就更加明顯了。這個人也許是你的父母，也許是你的愛人，也許是你的孩子。你理智上知道他是你最親近的人，但是他的話很傷人，像一把尖刀一樣紮在你的心上，你的感受很清晰，你難過你不開心。

時間久了，短暫的理智會淡去，那些清晰的感受會形成創傷。每每當你想起那些傷人的話語時，你就會懷疑自己是否是被愛的。

這便是親人之間的「暴力溝通」帶來的創傷後遺症，也是「刀子嘴豆腐心」的後遺症。

自序

很多關係的問題，其實都是溝通的問題。因為不善表達，因為溝通不暢，很多好的動機一出口就變成了衝突和傷害。

兩個人溝通，本質上是一個靈魂與另一個靈魂的相遇與交流。如果不能心意相通，便會產生碰撞。而心意相通，需要尊重與接納、傾聽與看見、真實與主動、智慧與練習。

非暴力溝通，就是這樣一個可以幫助我們心意相通的正向溝通法。

非暴力溝通，是馬歇爾·盧森堡博士發現的一種神奇而平和的溝通方式。透過非暴力溝通，全世界各地無數的人們獲得了愛、和諧和幸福！

非暴力溝通透過四個步驟，從根本上轉變我們交流與聆聽的方式。讓我們不再稀里糊塗地被動溝通，而是帶著覺知清晰明白地去溝通，有能力表達自己真實的感受和需求，有意識地使用自己的語言，讓溝通為我們服務，讓溝通成為關係的黏合劑而不是爆炸武器。

非暴力溝通，不僅僅是一種溝通的方法，還是一種思維轉變的魔法工具。當你開始踐行非暴力溝通的時候，你會發現它有療癒關係的強大力量。

非暴力溝通，實際上是一種非暴力的思維方式。

當我們學會了和善的溝通，關係也變得柔和起來。當親人與愛人之間，學會了非暴力的溝通方式，關係的衝突也會迎刃而解。

所以這本書，是非暴力溝通在關係療癒上的應用。書裡面有很多適合的案例解析，將非暴力溝通的思維模式應用在我們獨特的華人關係上。

　　我們華人的關係是強烈又親密的，如果我們彼此能夠好好說話，這種強烈又親密的關係會為我們帶來極大的愛與滋養。

　　而現實生活中，往往是相反的案例。

　　很多父母辛苦付出一輩子，想把最好的都給予兒女，可是因為沒有意識，用簡單粗暴的方式與孩子相處，留給孩子很多創傷。父母在等著孩子道謝，孩子卻在等著父母道歉。

　　很多夫妻，結婚的時候對天地發誓，彼此相愛、一生一世。明明是抱著最大的誠意來彼此陪伴的，可是柴米油鹽的日子最終被指責與抱怨填滿。到頭來，記住的都是那些令人心碎的爭吵和失望。

　　我們每一個人，都渴望在關係中收穫愛與溫暖，都希望在關係中獲得尊重與接納。

　　很多時候，不是我們做不到，而是我們不知道方法。

　　溝通，看似只是張嘴說話，人人都會。但事實上，非暴力的、和善滋養的溝通，是需要學習和練習的。

　　這本書的使命，就是讓更多的人能夠學會用溝通滋養關係，讓溝通療癒我們的關係而不是破壞我們的關係。

自序

　　透過非暴力的溝通方法，你可以療癒你的父母關係、親密關係、親子關係和職場關係。最重要的是，你可以療癒和自己的關係。學會好好地愛自己，好好地與自己相處。

　　因為所有關係的核心，都是與自己的關係。

　　當我們對自己有愛心、有耐心，當我們可以和自己好好相處的時候，很自然地，我們也可以在關係中怡然自得，與這個世界好好相處。

　　非暴力溝通，說到底，是愛的語言。學好這一門愛的語言，你便擁有了愛的能力。

　　願這本書，帶你走進非暴力溝通的美好世界，活在愛與和平中。

　　感恩馬歇爾·盧森堡博士，將非暴力溝通帶到這個世界。

　　感恩所有的夥伴們，沒有你們的用心與付出，就沒有這本書。

第一課
什麼是「非暴力溝通」

溝通是一種思維方式

很多人認為，溝通就是說話。其實這是一個非常粗淺的認知。上天賜予我們一張嘴巴，一是我們能夠進食，讓生命得以延續；二是我們能夠跟別人溝通，讓精神得以延續。所以，溝通本質上是一個人和另一個人靈魂之間的對話，是靈魂之間的心意相通。這是非暴力溝通的一個精髓。

有的同學會在學習過程當中問：「曉雅老師，您說的『非暴力溝通』和馬歇爾博士的《非暴力溝通》（*Nonviolent Communication*）這本書之間的關係是什麼？講的是一回事嗎？」在這裡，我回答一下大家這個問題：『非暴力溝通』這個名稱，以及非暴力溝通的理念，是在馬歇爾博士的《非暴力溝通》那本書裡正式提出來的。我們本次訓練營課程的核心，和馬歇爾博士的《非暴力溝通》的核心是相同的，或者說，我們課程的精髓，來源於馬歇爾博士的這本書。包括我們涉及的溝通的技術 —— 四大溝通步驟，也來源於這本書。

這次課程並不是對這本書的直觀解讀。書的內容是一個核心，我們課程更多的是書中內容的延伸、提煉、精華，以及大量的實踐和轉化。《非暴力溝通》這本書可以作為我們訓練營的一個參考教材。書中所涉及的內容我們幾乎全都會講到，同時，我們還會講到很多書裡沒有的內容，如果用心學習，你會發現這兩者之間可以相互補充。

本書是《非暴力溝通》的本土化

在本次課程當中，我加入了一些本土化的東西。之前有很多同學反映，說自己花了很多時間，很努力地在學習《非暴力溝通》這本書，很認真地按照書中的教導一步一步去練習，可是在生活中發現效果不是那麼好。

一種情況是，我們發現完全按照書中的格式去說話，非常不自然和彆扭。很多時候聽起來，不太符合我們中文的表達方式，有些話用英文說起來很自然，但換成中文去說，會覺得很彆扭、囉唆、形式主義，不太容易造成溝通的效果，反而容易引起被溝通者的反抗心理。

另外一個問題是，很多人學習之後，只記住了非暴力溝通的四個步驟 —— 觀察、感受、需求、請求。記住這四個關鍵詞後，很快就按部就班地一步一步去操作了。這裡存在一個問題：大家學會了技術，卻不了解技術背後的原因。

大家並不能理解為什麼我們需要觀察？為什麼我們要注意感受？注意感受的來源是什麼？為什麼感受的下一步是需求？為什麼我們不能命令，要用請求的方式跟別人提問？

正因為很多人對背後的「為什麼」不了解，非暴力溝通的練習就變成了一種盲目的模仿。這就好像說，我學到了一個方法，這個很有名的老師講解了非暴力溝通，教給我只要做1、

2、3、4 這四個步驟，我就可以獲得一個良好的溝通。然後就稀里糊塗地帶著盲目的崇拜去實踐，效果當然是不佳的。

很多時候，因為不清楚背後的原因，大家在實踐中會困難重重，甚至會得出「非暴力溝通不好用」的論斷，實際上是非常可惜的。所以有人在學習後，提出一些疑問和困惑，他不知道為什麼我們應該在安全的範圍內解決憤怒的情緒；他會覺得「這個人惹我不高興了，憑什麼我不能跟他發火？難道對方已經做了對不起我的事情，我還應該有理有據地、彬彬有禮地跟他說好聽的話嗎？」類似這些表達的背後，其實是完全不能理解 —— 我為什麼要這樣做？

在實施的過程中，即使有的人做了，心不甘、情不願，做的效果也會大打折扣。我們在這次訓練營中，非常希望能夠把這些背後的原因講清楚。如果大家能夠清清楚楚、明明白白地去做，很多時候效果是事半功倍的，是非常有力量的。

因此，我們需要把背後的原因講清楚，讓大家更容易了解理論的精髓。

暴力之樹

暴力之樹

暴力之果

身體暴力

暴力之因

精神暴力

　　第一張圖是暴力之樹。在《非暴力溝通》這本書的一開始，作者對暴力進行了探討，列舉了著名的「聖雄甘地」的故事，教導自己的後代：什麼是暴力的根源。我們常見的暴力往往是身體上的暴力。比如說一個人挨打了，有一群人在互相毆打、吵架，這種小到人和人之間肢體上的衝突，大到國家和國家之間的戰爭，實際上都是顯性的暴力。顯性的暴力代表「看得見」的暴力，是非常容易判斷的，任何人都能夠清楚地知道 ——「This is violence」這是暴力，又稱之為身體暴力。

　　世界上還存在一些隱性的暴力，叫「invisible」，「invisible」的意思是「看不見的」，「看不見」不代表「不存在」。

　　隱性的暴力通常指的是精神上所承受的暴力。比如一個非

常輕蔑的眼神，其實傳達過來的就是精神的暴力。

眼神就像謾罵的語言一樣，看起來像身體暴力，讓人造成後續的內在影響就是精神暴力。

我們內心深處對別人的評判，別人對我們的評判；父母對孩子的不信任、懷疑、否定、壓抑、控制；夫妻之間的不認可、爭吵等等這些都是精神暴力。

身體暴力就像一棵樹上的枝葉及其結出的果子，實際上它是暴力之果。而暴力的根本原因是在地下的，在我們內心裡，甚至是深藏於我們的潛意識裡。它代表這棵樹的樹根，實際上它才是暴力之因，也就是我們的精神暴力。

精神暴力才是身體暴力的根源。非暴力溝通講的是一種說話方式，更是一種思維方式。只有從根本上去除我們內心深處的暴力之因，才能夠最終顯化在外界世界，解除我們生活環境的暴力之果。這是一個非常根本的思維。如果我們把注意力放在了暴力之果上，會發現生活中的暴力元素 —— 我們自己能夠說出去的暴力語言，就如同這樹上的葉子一般，永遠都摘不完。即便我們把樹上的葉子辛辛苦苦花了很長的時間全部摘光，它還是會長出來的。

所以把注意力放在暴力之果上是毫無意義的。只有解決暴力之因，我們才有可能從根本上解決暴力溝通。

我們需要明白，暴力到底來自什麼地方？我們需要了解暴力

之樹的原理，在未來我們所有的課程當中，請大家把焦點放在暴力之因上。當我們專注於改變眼前所受到的「暴力溝通」的傷害時，當我們想要改變結果時，請把注意力放在暴力之因上。我們需要解決的是精神暴力。只有當精神暴力解除之後，身體暴力才可以一併解除。這是第一張圖片需要大家了解的內容。

萬物起源

第二張圖片是「萬物起源」。老子在《道德經》裡講到，「道生一、一生二、二生三、三生萬物」，大道至簡，這裡藏著無限深刻的意義。實際上，這跟我們的溝通方式（暴力根源）也是相呼應的。

在世界各地，不同的宗教、不同的哲學、不同的靈性導師

都曾用不同的語言，講過同樣一件事 —— 萬物起源。

這個世界到底從何而來？從「一」而來。不同的領袖、不同的宗教，他們用不同的語言，其實描述的是同樣的事情。世界是從一個合一的能量體而來，對應的就是道家所講的那個「一」，萬物起源於一。

「一生二」生的是什麼？生的就是太極，生的是陰陽，生的是二元對立。所以，當一個純淨的能量體轉化成「一分為二」的時候，這個世界有了黑白，有了好壞，有了是非，有了對錯。世界一分為二，有正有負，有好有壞，二元對立就產生了。二元對立產生之後，二生三，三生萬物，三是萬物的開源，由二元對立產生了無數的差異，差異是一個爆炸性的增長趨勢。

從這幅圖上，我們看到「一生二」是很簡單的，由一個源頭變成了太極的兩端，二生三，三生萬物，從三開始是一個爆炸式、幾何倍的增長。當來到三的世界時，差異無限。

地球上有上百個不同的國家，每一個國家裡又有無數的元素，其中有非常多的差異。我們人類的經濟、政治、文化等生活中所用到的一切，實際上都來自差異。

為什麼我們在「非暴力溝通」的課程中要講萬物起源和差異呢？因為這涉及我們所談論的 —— 如何從根本上進行非暴力溝通的思維方式。

我們需要理解，暴力的思維方式來自何處？

　　暴力的思維方式實際上來源於差異。如果仔細留心，你會發現，我們這個世界上存在各式各樣的歧視鏈。歧視實際上是衝突的來源，我們彼此之間有各種的互相瞧不上、打壓、征服、戰鬥，這一切的根源來自什麼？來自彼此之間的差異。這個世界上存在國家和國家之間的歧視，發達國家歧視非發達國家，非發達國家歧視發達國家，此外還有民族、種族之間的差異。過去，白人會非常歧視黑人，甚至在今天，黑人可能仍然是最容易遭受到歧視的種族。

恐懼模式

　　這幅圖讓我們了解到，差異在我們的生活中非常普遍。圖的左邊列舉了我們生活中能夠遇到的差異：物種差異、種族差

異、文化差異、階級差異、家族差異、角色差異、立場差異、三觀差異、性格差異。實際上，很多差異能夠引起我們內心的戰鬥模式，是暴力的啟發器。

有些差異常常使人意識不到，比如物種差異。物種差異是什麼？同樣是動物，如果你面前站著一隻又軟又萌的小狗狗，或者是小貓咪，很多人會自動的生起憐愛之心，覺得「哇，好可愛」！想要抱抱牠，想要寵牠、餵牠。如果面前的是一隻嗡嗡作響的蚊子，可能我們下意識的就要拍死牠。

文化差異的影響就更廣泛了。長久以來的生活習慣造成了不同的地區不同的文化，文化表現在各個方面具有很大的不同。比如說婚喪嫁娶的文化，如果一個南方的孩子愛上一個北方的孩子，兩個人在結婚的過程中，可能會因為文化習俗的差異，造成兩個家族間的矛盾和衝突，甚至有可能導致不能結婚而分手。

我們來看看階級的差異。階級是由人的出身決定的。今天的印度仍然有非常明確的階級差異，有的人是貴族，有的人是平民。今天的東亞，顯性的階級差異不明顯，但是隱性的階級差異仍然很普遍，有由財富所決定的階級差異，也有家族地位的差異。任何一個家族，祖祖輩輩傳下來，都會有自己獨特的特徵，而每個家族又各有不同。

我們做了父母後，看待世界就換了一個角度，與我們做孩子時發生了很大的變化。比如說，父母和孩子這對相對的角

色，他們之間是有差別的；丈夫和妻子也是相對的角色，他們之間也有差別的。還有一些立場的差異，比如老闆和員工的想法也不同。

在夫妻關係中，三觀的差異最常被提到。很多夫妻無法溝通，往往會被認為是「三觀不合」，沒有辦法繼續溝通。另外還有性格的差異，有的人性子急，有的人性子慢。

當我們活在二元對立的思維方式當中，就活在了無數的差異中。

回到這幅圖的右邊，揭示了我們心理的輪轉變化。以差異為核心，當我們把焦點放在人和人之間的不同之上，看到差異的時候，我們會很自然地產生一種分別心來進行比較。我們比較什麼呢？比較二元對立，比較好和壞，是和非，對和錯。我們提出的關於非暴力溝通的問題，在實際生活當中遇到的溝通難題，起點都是來自差異帶來的比較和評判。

因為有了分別和比較，我們自然會對事情進行評論。

比如性格差異，有的人天生性子慢，做事有自己的節奏，一步一步來；有的人性子急、很俐落，常常會快速解決問題。這兩種人從本質上講，存在差異，各自具有不同特徵。當我們把焦點放在差異上，不能容忍差異存在的時候，我們會下意識地分別、比較，進而進行評論。「快的人」會認為慢是一種錯誤，是不好的，快才是對的，慢就是錯。當我們有了評論之

後，我們和對方就會產生衝突。有了衝突，就想要征服。為什麼想要征服？因為我們內心存在恐懼，我們看到我們跟對方存在著巨大的差異和衝突，我們沒有辦法解決，恐懼就生起了。我們想要征服對方，想要把「跟我們不一樣的那一面」消滅掉，這樣就進入戰鬥模式。

整個心理過程，我把它稱之為恐懼模式，它是由二元對立的思維主導，是一種恐懼的思維方式和心理模式。

在這樣的模式之下，我們會發現有無窮無盡的衝突矛盾，有無窮無盡的溝通障礙，永遠沒有辦法和諧溝通。大家面對的所有問題，幾乎都可以在差異圖中找到問題的歸屬和原因。

有同學說：「我們兩口子，我是暴脾氣，他是柔性子。解決一件事情，他總是瞻前顧後，而我想用最快最直接的方式，經常談不攏，有的時候還動手，我希望得到幫助，看看是否可以中和一下。」這個問題的核心就是我們剛剛談到的差異 —— 性格差異。從事實的角度講，柔性子、暴脾氣是宇宙存在的不同，差異本身是沒有好壞的。當我們一旦進入評論，我們會貼給它一個好壞的標籤，你是壞的，我是好的。然後我們就開始試圖消滅對方，想讓對方變得跟我一樣，於是我們開始爆粗口，開始動手。

所有的衝突都來自這樣的一種思維方式。恐懼模式是根植於每個人內心的一種模式，世界上任何一個人都有，因為它符合人性。

　　我們可以去問問自己，生活到今天為止，在過去的幾十年當中，是否能夠拍著胸脯說，從來沒有一次對別人進行過暴力溝通？我相信沒有一個人能夠給出「yes」的答案，因為太難了。沒有任何一個人可以一直獨善其身，永遠都是好的溝通方式，永遠沒有成為過暴力溝通的施暴者，包括我自己也是如此。我們多多少少都做過這樣的人。

自由模式

　　這個世界上還存在另外的一種模式，是自由模式。

　　自由模式是什麼？自由模式是被愛和自由支配的，它來源於合一。我們可以回到萬物起源的源頭，回到合一的能量，回到我們人類共同的需求和共通的感受，不進入二元對立的思維。

　　回到源頭合一的思維方式，所帶來的心理歷程是什麼呢？基於合一，我們認為這個世界不是二元對立的，它是統一的。人和人之間並不分好壞對錯，事情和事情之間也不分好壞對錯，彼此是平等的。基於這樣的原因，我們活在事實裡，而不是評論裡。

　　事實是事情本來呈現的樣子。我們舉個例子，夫妻兩個人，一個快、一個慢，一個暴脾氣、一個柔性子，兩個人存在性格差異。當我們處在事實的思維模式中時，我們看到這是客

觀差異。每一種差異的產生都有原因，世界上有許許多多的差異，都有其背後的原因。比如，處在赤道附近的居民，皮膚天生就比處在兩端緯度中間的居民皮膚要黑一些。這種差異是因為赤道離太陽更近，人們受日照的時間更長，長久以來生活於此的人類進化出這樣的外貌特徵，這是差異的來源。

每個人的生活習慣、飲食習慣都有差異，差異來源常常基於非常複雜的綜合體。

一個人形成今天的性格、今天的外貌、今天的思維方式，其實是有跡可循的。可能因為原因太過複雜，我們沒有辦法清清楚楚了解每一個細節。

在自由模式裡，基於合一的中心思想，我們的心理模式是：我們站在事實的角度，接納事實本身，而不是對事物貼好、壞、對、錯的標籤。基於此，我們看到自己的感受，進而看到自己的需求。當我們了解了自己的需求，人和人之間就處於相互配合、支持的狀態，我們會進入感恩的模式，表現在非暴力溝通的過程中。

暴力溝通的模式就是恐懼模式，而非暴力溝通的模式就是自由的模式，兩者核心思維是不同的。

馬歇爾博士在書中教我們的方法，實際上是建立在自由模式上的。第一步是觀察。我們學會觀察，要建立在事實的基礎上，而不去主觀評論一件事或一個人。為什麼我們應該去觀察

這個事實本身，而不去評論？其實是引導我們切換到自由模式。

只有站在以合一、平等為思想核心的思維模式中，我們才有可能從源頭上開始非暴力的溝通。

書中舉到的例子，都告訴我們如何不去評論。評論的判斷標準就是好壞是非。比如，很多媽媽看到，孩子回家隨便把衣服扔在沙發上，這個事實本身是我看到孩子把他的外套扔在沙發上。而評論是這個孩子沒有規矩、沒有禮貌、很懶惰。類似這樣的形容詞都是評判，我們把這個行為貼了一個標籤，事物只存在於二元對立的其中一面，「你是不好的」。

我們忽略了這件事情背後的另一面，也有可能是好的。有人可能會問，把衣服亂扔在沙發上怎麼可能是好的？

任何評論都不是永恆的，時間會讓評論發生改變。現在看來糟糕的行為，也許過一段時間就變成好的；現在看來不好的習慣，可能換一個場合就變成了好的。男孩子把衣服扔在沙發上這件事，媽媽們想要培養孩子好的行為習慣的時候，會覺得它是一個壞習慣，不應該把衣服扔在沙發上，應該把衣服掛起來。但是，如果有人活得很自制，她累了一天回到家，仍然需要把衣服疊得整整齊齊的，然後才能夠坐下來；她可能有潔癖，如果地上掉一根頭髮，她就會抓狂生氣，當我們看到這樣一個人的時候，評判標準會發生改變。我們會覺得她應該放鬆一點，家裡亂一點沒關係，應該享受生活，不必活在別人眼中的框框架架裡。

如果換一個場景，換一個時期，同樣的一件事情，有可能就變成了一件好事。我們人類的審美，在歷史的長河中，發生了無數次的變遷。唐朝的時候以胖為美，那個時代的女人如果很骨感，可能還會被認為醜。然而現在我們是以瘦為美，如果一個女人 75 公斤，大家會覺得不好看，她需要減肥。這和過去的女人要裹小腳類似。從前，人們認為「三寸金蓮」是世間最美之物，但現在如果有人亮出三寸金蓮，我們會覺得這是個怪物。

審美之所以會發生變化，是因為審美是二元對立世界的評論。

評判不可能永恆，因為評判存在於人們的觀念中，人們的觀念是有局限性的。

我們講「福兮禍之所倚，禍兮福之所伏」。類似這樣的大是大非，也是不確定的，是隨時改變的。那麼什麼能讓我們看得更加清楚呢？我們需要時間。在當下的時刻，所有的好壞判斷都是非常局限的。

非暴力溝通的第一步，是學會觀察，學會活在事實裡，而不是評論裡。一旦我們活在了評論裡面，我們就會糾結於自己的情緒、想法，而不是感受。糾結於情緒、想法時，就會進入戰鬥模式，我們想要 PK，想要消滅對方。於是，我們提出命令，要求對方改變。

非暴力講究的是**觀察事實**，繼而看到自己的感受。我們未來的課程當中，會帶領大家不斷切換模式，讓大家能夠從根源

上進入自由模式，由感受看到內心深處的需求。

　　當我們看到自己的需求時，基於平等的觀念，我們會認為，世界上沒有任何人有義務完全按照我的需求來生活，當我想要自己的需求得到滿足的時候，我需要別人的配合與支持，我們自然而然會發出一種請求，而不是要求和命令。如果別人滿足我們，我們會非常感恩，而並不是覺得理所當然。

情緒來源

　　從下面這兩幅圖上大家可以看到，恐懼模式和自由模式的轉換，就是暴力模式和非暴力模式的切換。在練習非暴力溝通的過程中，最難處理的就是情緒問題。

自由模式

情緒來源

1 負面情緒
害怕、擔心、生氣、
失落、悲傷、沮喪、
悲傷、困惑、內疚、
嫉妒、尷尬、遺憾……

2 正面情緒
快樂、幸福、樂觀、
甜蜜、疼惜、自信……

需求沒得到滿足

需求得到了滿足

?

需求

　　很多人會因為無法控制自己的情緒，在溝通的過程中常常情緒失控。情緒一旦失控，我們就會陷入負面情緒的漩渦裡面，沒有辦法抽離，更談不上理性的溝通了。因此，我們需要清楚地了解情緒的來源。

　　非暴力溝通倡導我們，在第二步需要注意自己的感受。感受也可以換一個詞——情緒。一般情況下，當我們聽到情緒這個詞，想到的通常是負面情緒。好的情緒我們通常會用感受來形容，感受和情緒其實是不同側面的表達。

　　我們所有的情緒都可以歸為兩類，一類叫做負面情緒，另一類叫做正面情緒，情緒存在於二元對立的世界中。

　　圖中左邊的負面情緒很常見，如害怕、擔心、生氣、悲傷、困惑、內疚等等；而右面的情緒是正面情緒，如快樂、幸

福、樂觀、甜蜜、喜悅、自信等等。

更簡單點來說，所有讓我們高興的情緒，都是正面情緒；所有讓我們不高興的情緒，都是負面情緒。

所有的情緒都來自我們需求互動的關係。每個人的身體內都住著各自的靈魂，我們的靈魂掌管我們的身體，掌管我們的思維。在我們的內在，在靈魂和身體之間，還有心智，也就是我們的大腦。

情緒遊戲

我們內在的大腦是有需求的，這是人類生存在地球上共同的需求。人們所有的語言行為都來源於內在的需求，當需求沒有得到滿足時，我們會本能地產生負面情緒；當需求得到滿足時，我們就會產生正面的情緒。

所有的負面情緒，本質上都是因為內在的需求沒有得到滿足。當需求沒有得到滿足時，我們的身體開始配合我們做一種情緒遊戲，我把它稱為「情緒遊戲」。它存在於我們每一個人的情緒模式中。

情緒爆炸有四個步驟。在潛意識裡面，我們主觀認為，人和人應該是一樣的，尤其是我們親近的人、我們愛的人、我們的父母、老公、孩子、我們的好朋友，我們越是親近，越是認

為他們應該跟我們是一樣的，我們理所當然地認為對方應該跟我們一樣。當我們發現，他們跟我們不一樣的時候，我們很震驚，情緒就會變得非常大，直到我們的情緒爆發控制不住。很多人有過情緒失控的體驗。如何管理好我們的負面情緒？

情緒的根源是一顆種子，那一顆「我們認為人和人理應一樣」的種子。

有人可能會有些困惑，恐懼模式的根源不是來自差異嗎？差異造成了大家的恐懼，為什麼情緒的根源又變成了「我們假設別人跟我一樣了」？實際上，這並不矛盾。我們所有的情緒，無論是正面的還是負面的，都來源於對我們內心需求的呼應關係。當需求得到滿足的時候，我們會高興；當需求得不到滿足的時候，我們會不高興。這些人類共同的需求是一樣的。

情緒遊戲

你竟然不願意為我改變
（主觀判定）

你應該為我改變
（主觀期待）

你竟然和我不一樣
（主觀發現）

你應該和我一樣
（主觀認知）

馬斯洛需求

　　我們一起來看著名的馬斯洛需求。馬斯洛需求的金字塔非常詳細，在這裡我不細講每一層的需求。大家看到，實際上對於這五層需求 —— 生理、安全、愛與歸屬、尊重、自我實現的需求，是根深於每個人人性深處的，這是我們所有人共同的需求。基於這樣共同的需求，很多人會有一種想法 —— 我們不就應該是一樣的嗎？

　　大家忽略了一個根本點，我們的需求本身是一樣的，但是由於人類生活方式的巨大差異，我們居住在不同的國家、不同的地區、不同的家族，我們生活在不同文化當中，我們內心深處假定對方應該跟我們一樣，然而這種假設是非常錯誤、永遠不可以實現的。我們由不同的原生家庭撫養長大，每個人從出生來到地球，到今天 20 歲、30 歲、40 歲的樣子，期間無數的經歷都有巨大的差異性，是完全不同的。即使我們面對同樣的需求，每個人實現需求和滿足需求的方式也是千差萬別的。

馬斯洛需求

自我實現

尊重

愛／歸屬

安全

生理

道德觀 創造性
自覺性 解決問題
沒有偏見 接受現實

自尊 信任 成就 尊重

友情 親情 愛情

人身、財產、職業、家庭、健康、道德的保障

呼吸 食物 水 性 睡覺 機體平衡 排泄

需求差異

　　為了更方便大家來理解，我們來看這張圖。拿食物來說，「吃」是全人類的一個共同需求，我們有滿足生存的需求，也有對美食嚮往的需求。每個人都喜歡美食，在現在這個時代，大家經常說「我是一個驕傲的愛吃鬼」。可是愛吃鬼和愛吃鬼有非常大的差別，我們對吃、對美食的需求是一樣的，但是每個人對美食的定義是完全不同的。

需求差異

吃的需求是一樣的，但是每個人對美食的定義是不一樣的

　　我們對美食的評判也是不一樣的。比方說榴蓮，喜歡的人會覺得榴蓮是全天下最好吃的水果，是水果之王，這是喜歡吃的人為榴蓮貼了一個好的標籤。但是不喜歡的人會覺得榴蓮是這個世界上最難吃的食物，它的味道特別怪，他們會為榴蓮貼上一個不好的標籤。這個標籤是因人而異的，但是榴蓮本身是不好不壞的。

　　其他食物也是如此。吃這一件事情，人和人的差異實在很大。西方人不能夠理解，為什麼一顆雞蛋已經臭到黑了，已經壞了，亞洲人會喜歡吃呢？這和有人不能理解臭豆腐、北方人不能理解肉粽子、南方人不能理解鹹豆花、北方人不能理解甜豆花是一樣的。甚至包括花生，在南半球的澳洲，有很多孩子天生是不可以吃花生的，他們天生會對花生過敏，有時候一顆花生就足以要了孩子的命。這對於沒有過敏概念的人來講，也是不可理解的。

藉由這張圖我們看到，即使我們對吃的根本需求是一樣的，每個人對美食的評價和定義是完全不一樣的。

我們對同一事實的評價，就像是我們對事實貼的標籤一樣，每個人的標籤都與他人不同。這些標籤來源於什麼？來源於每個人獨特的個人經歷、家庭的氛圍、小的時候接觸到的人、自己的人生追求、自己的性格特質等等，非常複雜。

這就好像我們每個人心中都有一種對家鄉美食的迷戀。家鄉美食是什麼？是媽媽的味道，每個人愛吃的東西不一樣，其實喜歡和不喜歡本身是沒有客觀標準的，往往是小的時候，媽媽最常給你吃什麼，你就喜歡什麼。

所以，它是一種習慣的培養，並不是事實本身。它存在於大家的腦海當中，是一個評論，是一個標籤。基於這樣的差異，我們再回到前面那張萬物起源的圖。

這個世界由一而來，變成二元對立，再到三生萬物，造就了無數的差異。世間的存在是非常客觀的，當我們的思維方式執著於二元對立，我們會意識不到在二元對立的源頭，我們實際上是合一的。

只有跳出二元對立的思維方式，回到源頭，回到合一的思維方式，我們才有可能從根本上解除暴力的思維。

我們需要接納差異性，而非消滅差異性。人和人之間的差異是存在的。

這個世界上黑人有黑人存在的理由，白人有白人存在的理由，沒有任何一個人有資格消滅對方。黑人雖然皮膚最黑，但是黑人的身材比例卻是所有人種中最棒的！

我們需要跳出井底之蛙的限制性思維，從根源上跳出暴力的控制模式，進入愛與感恩的自由模式。

當陷入二元對立的限制性思維裡，我們會看不到世界另一半的美，我們只活在其中的一面。比如一枚硬幣，當我們選擇花色或者「人」字一面，執著於硬幣的其中一面時，我們就變成了井底之蛙，會完全否定、抗拒生活的另一面。

非暴力溝通並不是讓我們從負面到正面。

非暴力溝通的精髓是，讓我們站到硬幣的中間，站到硬幣的邊緣，既不歸屬於負面，也不歸屬於正面。不在二元對立的兩個對立面當中選擇好壞是非的單獨一面，我們要同時擁有。

希望大家能夠用彩色圖畫的方式來總結本課的內容。

圖畫是靈魂的語言，是我們潛意識最容易接受的一種方式。大家盡量能夠用彩色的畫筆來畫。把課程內容消化、總結，變成圖畫的心得。

第二課
療癒父母關係：
與父母的非暴力溝通

穿越「非暴力溝通」的五個步驟

通常我們提到父母輩，指的是我們原生家庭的父母以及我們結婚之後因為另一半所產生的衍生家庭的父母，對女生來講指公公婆婆，對男生來講就是岳父、岳母。

這一課的主題是與父母輩的溝通。

大家在提出問題之後，根據學習的內容，或者過去的學習和生活的經驗，寫下自己能力範圍內的解決方案，這一點是最重要的。老師和同學的陪伴，終究有結束的那一天，人生當中真正陪伴我們的只有自己，上課永遠都是協助和輔助。自我療癒的能力，對大家長期來講是一個非常重要的能力。我希望大家能夠認真思考自己的問題，最終在生活中實踐的人還是我們自己。如果一個人不能夠給出自己能力範圍內最好的辦法，有時候這就代表我們還沒有進入到真正想解決問題的時刻。

有時思考解決的過程可能很難，我們擔心自己的解決方案不一定好。這些都不要緊，我們盡可能發揮自己最大的能力，把能夠想到的最好方案寫下來。思考的過程很重要，我們自己先給一個答案，再結合老師的答案做參考，收穫才會更大。

根據收集上來的與父母公婆等長輩之間的溝通問題。每一條我都仔細看過，發現大家對這類問題的反映往往都很類似，主要有以下幾類情況。

第一類問題：很多人處在過去父母造成的暴力創傷的情緒中。年少時，由於父母的不當言行造成創傷，其影響一直到長大成人之後依然存在。

比如，父母在小的時候用不恰當的教育方式對待我們，有很多負面的語言暴力，經常評判我們不好，我們什麼都不行、我們怎麼這麼糟糕、我們怎麼這麼沒用等。這樣的話聽多了，會造成很多人長期自卑，甚至長大之後都無法修復，在成年後，會情不自禁地回想父母的這些負面評價。過去的心結導致現在跟父母的溝通中還有很大的牴觸情緒。

這種情況的原因之一是父母可能到現在也沒有改變過去的暴力模式，二是我們內在的創傷情緒，讓我們在溝通過程中很難實施非暴力，因為我們自己也有負面情緒。這一類父母問題最常見，父母做得很糟糕，造成了我們的創傷。

第二類問題是和父母之間的感情問題。有人小時候父母長期吵架，在長期的暴力環境中長大，成年後對父母仍然帶著強烈的恐懼心理，沒有辦法和父母溝通。有人父母很早離婚，童年沒有跟父母在一起相處，心理上有很多愛的缺失，長大後表面關係得到緩和，心理的距離卻仍然很遠。他面對父母沒話說，即使心裡想跟父母療癒，期待能夠有一個更親密的關係，但自己就是做不到，說不出來，也不知道有什麼可講的。這是因為過去的隔閡太大了，心理的距離太遠了。

第三類是因為現在孩子教育的問題，要跟父母頻繁相處，關於孩子的教育問題產生了非常多的衝突。比如，我們會拜託父母看孩子，拜託父母幫忙接送孩子、幫孩子做飯等。兩輩人常常觀念上差異很大 —— 父母不認可年輕人的育兒方式，年輕的爸媽也不認可父母的育兒方式。兩代人就孩子的問題產生了很多矛盾、鬥智鬥勇，處於終日爭吵的關係中。

第四類問題：有些人現在還沒成家，屬於青年還沒到中年的狀態，沒自己的獨立家庭，跟父母的接觸比較多，會出現被父母控制的問題。父母什麼都要管，什麼都要說。你已經長大了，但是父母仍然把你當小孩子一樣看待，不給你足夠的尊重，也不給你足夠的自由，什麼都要聽他們的話，如果不聽他們的話，就發脾氣、起衝突。還有的父母會在孩子某些時段，尤其是處於 30 歲上下這個階段，進行催婚、催生。你心裡很煩躁，卻不知道如何應對，進而因為這樣的問題跟父母產生很大的負面情緒、很大的矛盾。

第五類問題。我們成年後跟父母進入一種很奇怪的「PK 關係」—— 兩個人實際上是很親密的關係，但是生活中經常處於敵對的競爭關係。比如，有的父母會跟孩子來爭對錯，他們要在很多事情上證明「我比你厲害，我比你優秀，我比你正確」。這是特別常見的一個問題。比如，女孩子長大了會做飯，她的父母卻經常干涉她，「你這麼炒菜是不對的，你這麼做飯是錯

的，你怎麼這麼笨？你這都做不好」，然後說「去、去、去，我來吧」。這是父母經常的一種控制方式 —— 事事都要責罵你，事事都要證明他們是好的。

還有一類婆媳關係的控制頻繁發生在婆婆照顧兒媳婦坐月子的期間。坐月子這一個月可以發生很多神奇的事情，很多時候一個家庭或一個家族的矛盾種子是在生孩子期間，或者舉行婚禮期間種下的。

我概括的問題是同學提交上來的，在生活中遇到的非常具體的、真實的關於父母關係的問題。你會發現，其實這種問題很大的程度上已經超越了溝通的問題，已經不是簡單的說我們要怎麼跟父母說話。怎樣創造出和諧溝通的氛圍，對關係的影響要更加深遠。

很多問題涉及非常深入的創傷，甚至是幾十年累積的情緒。非暴力溝通能不能僅僅透過語言溝通的方式，去解決深入的、嚴肅的、長期的父母關係問題呢？如果把注意力放在「非暴力溝通」具體的技巧和語言層面，我們會發現單純使用「非暴力溝通」的說話方式，想要深入解決與父母關係問題，其實很困難。之前，也經常有同學反映，仔仔細細看了《非暴力溝通》這本書，認真按照書中教的說話方式去做，卻發現效果不大，或者根本一開始就很難進行。

書中教了四個步驟，觀察 —— 感受 —— 需求 —— 請求。

很多人其實第一個步驟就跨不過去，根本就進入不到內心需求，或者快速走完四個步驟，好像都做了，但是發現效果不大。

實際上，非暴力溝通更多的是一種思維方式，而不僅僅是一種說話技巧，說話的步驟和技巧也來源於內在的思維方式。

如果只是外層的步驟技巧正確了，思維方式沒有改變，其實還是沒有作用，不能解決問題。

因為技巧只是皮毛，不解決根本問題。只有把非暴力溝通的內在思維改變了，才有可能解決長久以來積蓄的創傷問題。

思維方式改變的力量是非常大的，它從根本上改變我們的生活態度，改變我們看待世界的方式。只有我們內在的狀態改變了，我們外在的行為、外在生活的世界、跟別人的互動，才有可能得到改變，這是一個最基本的心靈法則。

我在「非暴力溝通」的思維方式的修練上，提出五個步驟，這和非暴力的四個步驟容易讓人分不清楚，使初學者感到困惑。非暴力溝通的四個步驟，是書中的四個基本步驟，即「觀察 —— 感受 —— 需求 —— 請求」。我提到的五個步驟，是用非暴力溝通的思維方式改變我們人生的五個步驟。

第一步是「觀察事實，放下評論」。實際上這也是非暴力的第一步。兩者是重合的。

第二步是「穿越情緒，看到需求」。我融合了馬歇爾博士的第二和第三個步驟。我們要特別注意情緒和感受的區別，情緒

是包容感受的。當我們能夠穿越情緒的同時，真實的感受自然會浮現出來，而感受又是和需求緊密相連的，所以這是一個連貫的動作。第二步大家需要做的是，穿越情緒、看到感受，找到自己的需求。

第三步是「接納自己的情緒，接納需求，停止指責」。停止指責，表示我們既不指責別人，也不指責自己。這三個步驟是一種心靈修練，一種思維方式的重建。這三個步驟反覆練習，持續 21 天，甚至經過好幾個 21 天的反覆練習，才有可能帶來真正的內在改變。

第四步是「內在改變，內在思維方式的改變」。當我們把 1 到 3 步重複很多遍，下足功夫的時候，第四步自然而然到來。這不是為了改變而改變，它是一個自然降臨的狀態。

當我們的內在世界改變了，我們外在的世界才會相應改變。外在是我們內在的一個投射。

我們做的努力是從 1 到 3，跳出主觀評論，看到客觀差異；然後去觀察、去穿越情緒，去看到自己的感受和需求，進而接納自己的需求，停止指責。

當我們真正完成了第三步，在跟別人提出希望別人滿足我們需求的時候，我們會很自然地變成請求的態度，而不是要求的態度。

如果大家細心觀察，會發現所有的關於非暴力溝通的理解

和教導，把焦點都放在了「第一個步驟」上 —— 看到客觀的事實，跳脫主觀評論。在我看來，這一步是非暴力溝通思維方式改變的最核心，如果大家不能夠跳出這一步，其實後面的步驟是很難做到的。在第一步做得很徹底，後面的步驟是非常輕鬆的，這就像是一串葡萄，在連根拔起後，上面的果實自然都收歸己有。

生理父母和精神父母

我們在講父母關係療癒的時候提到，如何建立新的非暴力的思維方式，需要從根本上做文章。

我仔細觀察，發現大家仍然處在評判父母好壞的的認知中。多數想法為：父母跟我想的不一樣，他應該是很有愛的，他應該是支持我的、理解我的，可是為什麼他做不到？我的父母為什麼會打我？我的父母為什麼不愛我？我的父母為什麼天天爭吵？我的父母為什麼冷落我？

我們所有的抱怨情緒，都來自對父母的期待沒有得到滿足。我們覺得父母應該是某樣的才對，但是真實的父母並不是那個樣子的。現實和理想的差距非常大，理想很美好，但是現實非常殘酷，這是我們在父母關係當中最大的痛點。

很多人對公公婆婆的期待也是如此。我們會發現公公婆婆

很糟糕，他們竟然這樣控制我們，他們竟然這麼自私，他們竟然這樣的不通情達理。大家對父母的期待落空，背後有一個最根本的思維方式，這個思維方式造就了我們與父母所有問題的根源。那就是我們一直以來稀里糊塗地認為，「只要生我養我，他就是我的父母。」我們從來沒有思考過，父母其實到底是什麼樣的角色。

什麼叫做父母？父母有兩層含義，一層含義是生理父母，另外一層含義是精神父母。生理父母不等於精神父母，而我們對父母關係的迷思和創傷的根源，來自我們的思維方式裡面從來沒有意識到 —— 生理父母不等於精神父母，這是兩回事。

我們對父母所有的美好期待，都是我們期待的精神父母的樣子。

所以很多人對父母的認知是非常模糊的。有的人從來沒有意識到，我們對父母的很多期待是不合理的。今天我要跟大家建立一個新的認知：生理父母不等於精神父母。

什麼是生理父母？生理父母就是在生理意義上的父母。父母只是一個角色的名稱，就像每個人有自己的名字。我們每個人在不同的關係中有一個角色名稱，父親在生理意義上貢獻了精子；母親在生理意義上提供卵子，並且在子宮內將這個受精卵孕育成一個生命，最終從產道中，誕下一個生命。這個就是生理父母。

　　而精神父母是什麼？精神父母是集結了我們對美好父母的所有期待的父母。當我們談到，一個父親有愛、有責任感，實際上我們談論的是精神父親。當我們談論一個媽媽，她愛孩子、喜歡孩子、溫柔、優雅、美麗，談論的是精神上母親的角色。你會發現，在精神父母裡面，實際上包含的是我們對於這個角色的主觀期待。我們形容精神父母的都是形容詞，這其實都是一種評判，是我們對這個事情的看法。

　　我們很多人理所當然認為，父母就是應該無條件愛孩子的。我們需要父母有愛，有愛是一種主觀的感受。

　　精神父母是什麼？指的是有愛的、和我們同頻的父母。同頻代表什麼？代表你會喜歡他、欣賞他、尊敬他、崇拜他，這是我們對這種特質的感知，是主觀的認知。

　　但是生理父母不一樣，生理父母實際上就是一個生理現象。一個身體健康的男子貢獻了一顆精子，一個身體健康的女子貢獻了一顆卵子，他們結合產生了受精卵，這顆受精卵在十月懷胎的過程中，安全、健康地透過產道來到了這個世界，變成了一個孩子。

　　為什麼我要如此清楚地把這個概念跟大家講呢？因為這兩種父母的認知混淆，幾乎造成了我們所有父母問題的根源和困擾。很多人認為，生理父母就等於精神父母，精神父母就是生理父母。我們要求生理父母具備精神父母的特質，當這個期待

沒有得到滿足的時候，我們會痛苦，我們會受傷，我們會不知所措。然而事情的真相是：生理父母是一個客觀事實，它是不容改變的；但是精神父母是一種主觀期待，是可遇而不可求的。

我們每一個人，都有一對生理父母，這是確定無疑的。這是客觀事實，是我們沒有辦法與之抗衡的事實，是我們最需要接納的一部分。

真相的另一面雖然很殘忍，但同樣是事實。每個人一定有一對生理父母，但不代表每個人都有一對自己滿意或喜歡的精神父母。有時候我們很幸運，即使機率很小的事情也會發生，我們的生理父母同時能夠扮演我們的精神父母。你發現生你的人，同時是一個你尊敬的、喜歡的、崇拜的人。這是一件極小機率的事。但是更多時候，生理父母不具備精神父母的特質。

尤其我們這幾代人，60 後、70 後、80 後甚至 90 後的父母輩，他們生活在什麼時候？他們生活在 30 年代、40 年代、50 年代、60 年代，那幾輩人所處的時代，以及當時的世界大環境、地區發展狀況和自身受教育程度，使他們很大可能性只能成為生理父母。

任何一對父母都可以是生理父母，但是能夠成為好的精神父母的機率相對較小。精神父母代表什麼？好的精神父母代表他的性格、認知、素養、看待世界的方式，符合我們的期待。

有時候，我們喜歡一個生活中不認識的人，比如歷史上的

某個英雄或者書裡的某個角色，某個世界上讓你非常崇敬的人。其實，他在某種程度上扮演了我們精神父母的角色，他身上的特質讓你喜歡，讓你崇拜，讓你敬仰，我們願意追隨他，我們自然而然地尊敬他。實際上那個人扮演了你的精神父母。精神父母是一種無形的、主觀的品質概括。

但是生理父母不一樣，生理父母是我們來到世界的身體條件。如果大家能夠深刻明白「生理父母」和「精神父母」的區別，我們有可能從源頭上解決對父母的錯誤期待。很多人混淆了這個事實，我們活在模稜兩可的理所當然中。

我們對父母有很多不客觀的、過於理想化的期待，這些期待是有可能實現不了的。很多人對父母有期待，常見的期待是「如果我的父母結婚，他們應該相親相愛，應該建構一個和諧的家庭氛圍」。我們會覺得，你們都不相愛，為什麼要結婚呢？我們不能理解，也不能接受，所以我們有一個錯誤的期待是——我們的爸爸媽媽既然結婚了、生了我，他們給了我一個家庭，他們就是應該相親相愛的。因為這樣的認知，很多人一輩子活在父母爭吵的陰影中。

我們無法接受他們不相愛。「他們為什麼不相愛？為什麼我的爸爸不愛媽媽？我的媽媽不愛爸爸，我們很痛苦。」如果我們跳出期待，會發現一對父母結婚，他們不相愛有太多原因了。

世界上有很多人不是因為愛才結婚的。在舊社會有包辦婚

姻，在現在大家族有政治婚姻，甚至還有很多人是衝動型的婚姻，有人可能剛剛結束一段長達十年的戀愛，極度痛苦，又恰巧碰到了一個對自己窮追猛打、對自己特別好的人，心灰意冷下就嫁了。嫁的那一刻就不是因為愛，你如何要求她「為了愛而結婚，結婚之後還一定要相親相愛呢」？

還有人結婚的時候是很愛的，但未必永遠相愛。

世界上有很多人在婚禮的那天，穿上婚紗、穿上西裝，彼此向天地發誓，「我這輩子愛你一個，無論生老病死，我都只愛你一個」。那一刻是很真實的，在那個當下是真實的。但是歲月會變，人也會變。歲月經年，他們之間產生了矛盾，發現了很多不協調的地方，甚至很多人過了很多年，才發現三觀不合。原來兩個人在一起生活，痛苦大過於快樂，所以他們不再相愛了。這有沒有可能？這是有可能的。這種現象有沒有存在的理由？它有存在的理由。孩子對父母有這樣的期待 —— 你們既然在一起了，就應該相愛，這是不現實的。

期待傷了你

有人會說，你們如果不相愛，就趕緊離婚嘛！這種說法就像有人勸別人說為了孩子，不要離婚一樣愚蠢。有很多人對於完整性的需求，大於對感情品質的需求。他不離婚有他自己的

理由，這非常複雜。任何情況下，當我們認為「別人就應該怎麼做」的時候，其實都是一種隱性的精神控制。我們在對父母很多錯誤的期待中，也包含了希特勒模式的控制。

我們要求父母「應該活成什麼什麼樣子，這樣我們才能幸福」，我們要求對方按照我們的期待活出來。這第一個錯誤期待，就是我們認為「父母只要結婚，他們就應該相親相愛」，這是不現實的。

第二個期待是我們對父母的性格、素養、溝通方式、生活態度有期待。這些期待是同樣我們對精神父母的期待。很多人認為，我的父親為什麼不是一個特別有擔當的人？我的父親為什麼不能像電視劇裡的父親一樣那麼有愛，對孩子那麼好，對家庭那麼好？很多父母都特別希望擁有一個別人家的孩子，很多孩子也會希望擁有別人家那樣的父母。「你看，爸爸能賺錢、有承擔，性格又好，還能做飯，願意陪孩子，還特別有素養，教育觀還特別正，完美」！

我們對父母的性格、人品、素養、受教育程度、眼界格局、生活方式都有期待。比如說，很多人不能夠接受媽媽天天唉聲嘆氣、愛抱怨，覺得她這樣性格不好；有人不能接受父母捨不得花錢，不喜歡有匱乏的窮人思維的父母；有人不能接受父親是個騙子；有人不能接受父母有不良嗜好，怎麼那麼愛賭博？怎麼能吸毒？我們對父母的性格、人品、生活狀態、素

養、受教育程度等都有期待。我們內心覺得,他們應該是一種美好的樣子。當他們不是的時候,我們感覺痛苦,會覺得自己非常不幸。所有的這些創傷的來源,都是因為我們根深蒂固的思維方式——我值得擁有,我應該擁有一個好的父母,這是我們對於精神父母的要求和期待。

因此,我們一定要明白:生理父母不等於精神父母。

一個男人和一個女人兩個人的結合,在生理上可能創造一個孩子,這是我們每個生命的來源。這件事情的必要條件是一個健康的精子和健康的卵子,以及在懷胎十月過程當中,胎兒在媽媽母體的安全。就這麼一點必要條件,生命就誕生了。除此之外,其他精神父母的特性都是錦上添花。也就是說這是世界允許這樣的事情發生,這是事實。天下最大的就是事實最大。

我們經常在心靈成長的課上跟大家說,人要臣服,臣服於什麼?其實就是臣服於事實。所有已經發生的事實,都是世界允許的,連世界都允許它存在,為什麼我們身為一個個體的人類,不能允許這種事情存在?我們是在跟事實較勁,在扮演上帝。

因為這樣的原因,很多人對父母還有第三個不恰當的期待,那就是對父母對待自己的方式有期待。大家認為,我的父母應該是無條件愛我的,他們應該寵我、愛我。可是他們為什麼打我罵我?為什麼不支持我?為什麼不相信我?為什麼控制

我？同樣的道理，如果大家能夠明白，生理父母不等於精神父母，這個問題就有解了，因為生你養你的人，不代表他自然就能夠對你好。

父母能夠對孩子無條件的愛，前提是 —— 他們是有愛的人。我指的「有愛的」是指活在愛的能量中。父母對孩子不亂發脾氣，代表他們是情緒控制很好的人。父母能夠用健康的、好的教育方式教育孩子，尊重孩子，代表他們具有良好教育理念，在教育方面非常有素養。而所有這些無形的、精神上的條件，並不是他們成為父親、母親的必要條件。所以這樣的期待是不可靠的，有點像賭博，它是有機率的，但不是必須的。

如果恰巧生你、養你的人，他懂教育，他有愛，他的情緒控制能力很好，他很富足，那是非常幸運的，我們要特別感恩。如果我們沒有遇到這樣的父母，那也是正常的。這既不代表你的父母不應該成為父母，也不代表你這個孩子就比別人差，你不值得擁有愛。它只是一個事實，僅此而已。同樣的道理，很多人認為，父母應該愛我，這個期待是有問題的。

有人會對自己有要求：父母既然生了我，那我也應該愛他們，我應該無條件地愛他們，尊重他們、孝敬他們。這個要求是有問題的。一個人生為父母，他自然擁有了一個身分是「生理父母」。這是事實，我們是要感恩的，因為人家確實給了你肉體，給了你來世間存活的身體基礎。

父母在孩子心中所獲得的愛、崇拜、尊敬，是需要靠精神上的特質來爭得和贏取的，並不是天生的。這是很多父母的一種迷思和不恰當的期待。很多父母認為，「我生你養你，你就應該喜歡我」。父母最討厭孩子頂嘴、不認同自己。他覺得「我生了你，你就應該認同我」，這是父母的錯誤期待。

孩子尊敬你、認同你，是需要靠你真正的德行。真正做得對，真正做出讓人尊敬的事，孩子才能尊敬你。很多人有一個迷思，覺得「他們生了我、養了我，我對自己的父母是應該孝順的，我應該無條件地愛他們，接納他們」。可是很難，為什麼呢？「你看我爸爸賭博；我爸爸吸毒；我爸爸打我媽媽，他很暴力；我爸爸不承擔責任，他從來沒關心過我。我怎麼尊敬他？」

如果父母在你生命過程中，帶給你的創傷遠遠大於快樂；他對你造成的傷害遠遠大於給予你的愛的滋養；甚至有人從小被父親暴打，被當成奴隸一樣看待，甚至覺得「我打死你都是活該」。這種情況下，你還要求自己說，我應該尊重他，應該崇拜他，我應該無條件愛他。這不是要逼死自己嗎？實際上，這樣苛刻的自我要求，也是不合理的。

你的父親只扮演了生理父親的角色，他在你的生命中不是一個好的精神父親，他也沒有辦法得到你的精神滋養和精神回饋，這是非常正常的。很多人會說，我面對父母的時候，非

常不受控制，我覺得自己有贍養的義務，自己有對父母好的義務，否則的話，我就不是一個好人。實際上，所有你覺得逼不得已的，都是錯覺。世界上從來都沒有逼不得已和迫不得已。

你並非毫無選擇

迫不得已的事情是不存在的，就是「have to」。比如說，世界上只有一顆精子和一顆卵子才能產生生命。兩個精子沒有辦法創造一個孩子。只有這樣的事情是「不得不」，除此之外，所有的事情都是有選擇的，都是可以做選擇的。

有人說，「雖然我爸是個流氓，我爸是一個人渣，但是我還是要養他，還是要和顏悅色。我要愛他，我不得不做一個孝順的人」。其實這不是不得不，他是你自己的一個選擇，每個人都有選擇。

就好像我們認為，父母自然就應該愛孩子，但是更大的事實是 —— 世界上每天都在發生很多父母虐待孩子、傷害孩子、出賣孩子的事情。這不是父母的義務，因為父母無法成為精神父母。他們這樣對待孩子，那是他們的選擇，他們選擇了這樣的行為，也得承擔這樣的結果。結果是，大到在某些國家被抓到，可能會被判刑，嚴重的甚至可能一命抵一命，被判死刑；有些人可能不被判刑，逍遙法外，最後承擔自己良心上的譴責。

　　同樣，我們對待父母也是如此。有人說，「我想要努力接近父母，跟父母建造一種親密感」，或者說「我覺得我需要對父母盡孝，來報答他們的養育之恩」，或者「父母老了，就算我不願意，我也應該為他們做些什麼事情」。如果你一定要為父母做事情的話，大家一定要清楚，這是你的選擇。

　　永遠都不要因為別人的眼光和道德要求，去做某件事情，這樣會給自己一種「不得不」的強迫感。

　　事情的真相是，當一個人總用「不得不」當自己人生藉口的時候，他就是一個真正的弱者，他在推卸人生的責任，不為自己的選擇負責，他喜歡活在被別人逼迫的受害者情節中，這是永遠沒有出頭之日的。

　　一個人應該明白，你贍養自己的父母，對他有一個好臉色，或者對自己的父母盡孝，對他們柔言善語，用好的方式對待他們，這實際是為了你自己，是為了滿足你自己的心願——你希望自己成為一個好兒子或好女兒。這是你的選擇，你完全可以不這樣做。如果你不這樣做，你的內心是舒服的、坦然的、自在的，你能夠接納別人對你的意見、別人對你的不理解，也可以選擇不做。如果你做了，你要清楚，你是為了滿足自己的願望，是為了盡自己對自己的要求和期待。有人說，「我期待自己成為一個好人，我的父親不是我的榜樣，他天天用暴力的方式對待別人，我不想成為這樣的人。我希望我自己成為

一個溫和友善的人，所以我對父親溫和友善」。其實，本質上不是為了他，是為了你自己成長為真正理想中的自己而做出的努力。這是一個非常主動的選擇，而不是一個被動的、被逼迫的選擇。

我們認清了生理父母和精神父母的差異，才有可能放下對他們的不恰當的期待。很多時候，大家如果帶著這樣的一種思維，去看待父母關係的問題，會發現在潛意識裡，你是在想要改造你的父母。你希望他變成你夢想中的父母，一個完美的精神父母，能夠在精神上引領你，讓你的精神世界豐滿的父母。我們在要求一件可遇不可求的事情，碰壁的機率是非常大的。

▌為什麼是我

我曾經有個個案，跟我講述了她特別悲慘的童年。如果用我們現在的這種評價標準，她的父親是那種非常少見的人渣。賭博、家暴、不賺錢、無賴、流氓，所有這些負面詞彙的特徵，她父親身上都有。那個女孩子非常痛苦。她覺得，「為什麼我有一個這樣的父親？」她把這些錯誤認知放在自己身上，最終在內心深處造成自己創傷。她認為，「一定是我不好，我有問題，否則為什麼是我？」我問她，「為什麼不能是你？為什麼這樣的一個父親發生在別人身上，就是可以的，而發生在你身

上，你不能接受？」這句話聽起來非常的殘忍，但這是事實。

很多時候我們問自己，為什麼是我？我們下次把這個問題換成「為什麼不能是我，我們和別人有什麼本質上的差別？為什麼我們的父母就不能夠脾氣暴，就不能夠自私專制控制？」這是一種更根本層次的接納，接納已經發生的事實，接納人和人的差異。如果有足夠的時間，每個人在自己父母的身上都可能找到原因。

比如，有的父親脾氣特別暴躁。我們去看他的人生歷程，會很容易找到一些蛛絲馬跡，甚至有大量的證據支持。為什麼他成為了今天暴躁的樣子？有可能他從小就沒有父親，小時候受到了很多糟糕的對待；或者他性格非常內斂，根本不會表達；或者他所處的時代非常動亂，大家彼此的互動方式是很粗糙的。

又比如，有的媽媽非常重男輕女，對自己的女兒很惡毒。我們站在這一個小點，很局限的視角去看她，的確不能理解。你會覺得，怎麼會有這樣的母親，對自己的女兒如此惡毒？我們拋開是非對錯的評判，把她當作客觀的存在。我們去研究這個人的時候，會發現她過往的生命歷程，她所處的時代環境、家境家庭關係的氛圍，她過去經歷的事情。當所有細節越來越多，拼湊成一張完整的人生地圖，我們就能夠理解。

她成為今天的她，是有很多原因的。我們反覆強調，要接納差異。對差異的抗拒，想要消滅對方跟我們不一樣的暴君特

質、希特勒的模式，是所有爭吵暴力的來源，也是所有創傷的來源。

就像很多同學提交的問題，我們不能接受父母逼婚、催生。我們認為他們不應該有這樣的要求。如果換到父母的立場，人家為什麼不能有這個要求？站在父母立場來講，「我逼你生孩子，你生孩子，我又不痛又不癢，我沒有痛苦，只有快樂：你生了孩子，我能夠有孫子抱，孩子誰不喜歡？你生了孩子，我能夠接受點生命的能量，我的生活有希望、有事做，我還能抱出去炫耀炫耀。」這些對他來講都是好處，他提出這個需求是非常自然、非常正常的。但是我們會覺得，這是在承受壓力。實際上，他有他提出需求的權利，但是你並沒有滿足他需求的義務，選擇權仍然是在你手裡的。

你的爸媽能催婚，可卻不能控制你的身體和行為，也不能代替你拿著戶口名簿，去和一個你不喜歡的人登記。實際上，他們只不過給你一些外力。這些外力是什麼？是他們的需求。他們向你提出要求，但不代表你就必須要滿足。很多人想不明白這個問題，因為我們對自己的定力沒有保障，我們不能夠堅持自己，所以我們希望把反對的聲音全部消滅掉，這樣我們就比較容易堅持自己的看法。

有同學說，「我父母催婚，我非常著急，就是他們讓我更著急了」。很多時候我們生氣，不只是因為別人提出了過分的

要求，還是因為他們提出的要求，我們自己也覺得我們應該滿足，但是我們又不能滿足。你對自己沒有自信，就期待別人不提要求。當我們要求別人做出改變，而不是要求自己做出改變，這在本質上就是控制。

更好的一個狀態是允許別人。人家有提出要求的權利，你有滿足或不滿足的權利。

對自己負責的方式是——永遠把選擇權掌握在自己手裡，不要期待別人永遠按照你的心意，順著你來。

如果你明白了這個道理，會發現任何一個父母也不可能真逼你結婚，逼你生孩子，他們可能就在那嚷嚷一下，說一說，表達一下需求，其實最終的選擇權還是在你手裡。如果你對自己的選擇很有信心，很多時候你對他們的怒氣就消了一大半。換個角度來講，父母也有提出需求的理由，很多父母被周圍的親戚催的不得了。誰見了都問，「你們家閨女結婚了沒？你們家兒子生孩子了沒？」他們也有他的壓力。他們想緩解自己的壓力，然後把壓力轉交給你。如果自己夠強大，你會允許他們說說，甚至有時候還可以對他們表示一些理解。我理解你的需求，但是我有自己的安排。

成年後，我們跟父母的關係是角色互換。你會發現，父母在我們面前會表現得像小孩子一樣。在小朋友的世界裡，父母是很大的，父母有很多事情在忙，小孩子會對父母提出很多的

要求，「你應該愛我，應該買玩具給我，應該陪我去玩」。

　　好的父母也是根據自己的狀況來選擇，哪些是在我能力範圍內，我願意滿足孩子的；哪些是我不願意滿足孩子的。如果父母期待孩子不應該提要求，那就期待錯了。在孩子世界裡，「又不用想工作，也不用想賺錢，這些事情都跟我沒關係，我就是想玩。」孩子的需求沒有錯。

這是父母功課唯一的出路

　　同樣的道理，現在父母年紀大了，他們變成孩子的角色了。我們處於青年、中年的狀態，我們有自己的工作，有自己的事業，有自己的圈子。父母退休了，他們的世界變成孩子的狀態，你在他們的世界很大，他們會向你提出很多要求，「你應該回來陪我吃飯，你應該陪我去逛街，你應該關心我，應該多打電話。」你看像不像小時候的我們自己。如果你能夠理解，現在你可以自己換個角度，把自己當成父母，把父母當作孩子，你的角色轉變了，你會變得更強大一些。

　　很多人雖然跟父母的角色改變了，但是內在的角色沒有改變，仍然把自己當成孩子，他覺得父母對我提出的要求是過分的、錯誤的。「你不應該有這樣的要求，你不知道我很忙嗎？我哪有那麼多時間來聽你發牢騷，來替你做事？」如果你能夠把

自己主角意識找回來，他們並不能逼你怎樣，人家提出一個需求，你同樣可以根據自己的能力去解決。你願意滿足且能夠滿足的，那你就去做，你不願意滿足的，你就不去滿足，你是有這個選擇權的。放下對父母的不恰當期待，是我們解決父母關係非常重要的思維方式。

大家需要清楚的明白，生理父母不代表精神父母。很多時候，我們對父母的期待都是對精神父母的期待。生理父母並沒有能力、有義務成為你的精神父母，這不是一個必要條件，生理父母是客觀存在的，我們只能接納，這是唯一的出路。不接納你也不能改變這個事實，只能處在無盡的創傷和情緒當中。

不要對我們的生理父母抱有太多精神父母的需求，而是接納這個事實本身，放下對父母的期待，自己去做人生的選擇，並且為自己的選擇負責。

如果大家能夠遵循這樣一整套的思維方式，我們在父母關係上就會找到一個根本的切入點，從根本上扭轉彼此之間的關係。

如果要問，「為什麼是我改變，而不是父母改變？」那是因為你痛苦，你想成長，這個意願來自你，當然是你做出改變。你的父母不理解你、催婚、逼婚，他不覺得這些有問題。誰不舒服誰調整。建立了這樣的思維基礎，我們再回到非暴力溝通，練習說話就簡單得多了。如果我們在思維方式上做到了根

本性的改變，實際上就已經做到了觀察事實，而不陷入評論。

　　我們會把更多的精力放在自己的感受和需求上。我們清楚，如果我們放下了對父母的不恰當期待，會發現對方沒有滿足我們需求的義務。我們在提出一些想法的時候，自然而然地知道，這是我們對對方的請求。我們請求對方支持和配合，對方支持、配合了，這是恩德，需要感激；對方不支持、不配合，這也正常，因為對方沒有滿足我們需求的義務。他們給了你身體，不代表他們必須給你一個美好的精神父母，這是可遇不可求的。

　　希望大家都能夠透過這一章節的學習，在父母關係上有一個全新的認知。

第三課
療癒伴侶關係：
與伴侶的非暴力溝通

談到伴侶關係，其實涵蓋了三個階段：結婚前、結婚後以及離婚後。大家提交上來的伴侶關係問題，涵蓋了以上三個階段。大多數問題是結婚後的問題，也有結婚前男女朋友關係的問題，以及兩個人感情破裂離婚後的伴侶關係問題。

在婚姻的三個不同階段裡，每個階段遇到問題的數量不同。一般情況下，在結婚前和離婚後兩個階段的問題是相對少的。因為結婚前彼此相處的時間有限，彼此相愛的程度、激情都處於比較高的狀態，這個時候兩個人之間的矛盾和衝突在整個婚姻階段是較少的。離婚後以及鬧離婚、感情破裂、產生嚴重分歧的時候，問題也很少。此時，雙方已經做出了最大的努力，而努力無效，兩個人仍然不能夠在一起，才做出了離婚的選擇。

離婚是一個人對婚姻的重大抉擇。抉擇後問題會變得少一些，但仍然也會有問題。比如，有人離婚後，仍然難以走出婚姻中受到的創傷傷害；有人離婚後，因為孩子的問題還會和前妻或前夫發生矛盾和衝突。但是這類問題比起離婚前還是少了很多，因為在決定分開後，大部分問題已經不再是生命中的核心問題。

真正的相處開始了

發生矛盾和問題最多的階段是結婚後的階段。兩個人一旦結婚，真正的相處開始了。

真正的相處是一個彼此逐漸認識對方真實自我的開始。

在這個磨合的過程中，問題會越來越多。大家在婚後的不同時間段開始磨合，有人蜜月期還沒開始就已經開始磨合；有人蜜月期很長可能持續半年、一年，才開始磨合；有人在孩子到來後開始磨合；還有人在兩個家族之間相處後開始磨合。無論時間長短，結婚的時間越長，兩人之間越容易發現彼此內在的差異，矛盾和衝突也越容易產生。所以結婚後的階段，往往是婚姻中遇到問題最多的階段。

我們需要明白，不同的階段遇到問題的數量不同。在不同的階段，解決問題的難度也不同。階段越靠前，問題越少，越容易解決；階段越靠後，問題越多，越是難以改變。這是因為兩個人相處時間越長，累積的習慣、衝突、誤會、心結就越多。很多事情和矛盾是透過一遍又一遍的婚內輪迴產生的。就像我們說，兩個人吵架最喜歡做的就是翻舊帳，如果結婚十年吵一架，可能把過去十年內類似問題的情況全都翻出來。累積的時間越多，舊帳就越多，處理起來就越難，改變起來也越難。

所以大家在面對自己夫妻問題的時候，也可以判斷一下自己所處的階段。如果兩個人累積的問題很嚴重，相處的階段也很靠後，你需要告訴自己的是，「我需要更多的時間、更多的耐心，不要期待一蹴而就的療癒和改變，因為這是不可能的！」

冰凍三尺非一日之寒，療癒起來也不是一日、兩日就可以

解決的，這是大家需要具備的心理狀態。

　　親密關係是我們自己找來的親人。在原生家庭中，我們是被生出來的孩子。當長大之後，我們尋找到生活中的另外一半，重新組建一個家庭。兩個人有可能創造一個類似於自己原生家庭的、有血緣關係的組織。選擇結婚在一起的兩個人，他們共同建立起一個家庭。一旦有了孩子，他們便成為下一代的原生家庭。至此，兩個毫不相干的、沒有血緣關係的人，因為一個共同的孩子，產生了具備血緣關係的原生家庭。

　　我們和另一半的關係，與其他所有關係都不同，它非常特別。伴侶並不是我們的父母，也不是我們的孩子，我們和這個人沒有血緣關係。換句話說，我們不是一定要和這個人在一起，這個關係是可以選擇的。但是他（她）卻是我們生命中，最有可能親近我們的人。

　　仔細想一想，在這個世界上，父母和孩子陪伴我們的時間是有限的。而一段親密關係中，你身邊的那個人可能是陪伴你最久的一個人，伴侶對我們是如此的重要。因此，最核心的親密關係往往指的是夫妻關係，這是最核心的定義。親密關係是影響我們一生非常重要的一段關係。

親密關係的幸福度

親密關係中的幸福度幾乎決定了我們整個人生的幸福度。

從我們收集上來的問題來看，無論提出問題的是男是女，大家在描述伴侶之間溝通障礙的時候，往往都提到在另一半身上遇到的挫折、看到的不可理解的特質以及和另一半溝通不暢所帶來的矛盾、問題、困惑、痛苦。

每當學員問我，「老師，我應該如何解決我現在的問題？我跟我的另一半無法溝通。我覺得對方是一個不可理喻的人。我怎麼會嫁給這樣一個人，或怎麼會娶這樣一個老婆？」當處在問題焦點中時，我們會看到對方身上有如此多的缺點，和我們如此的不合適、不匹配。所以，我往往會思考一個問題，有時我也會將我的問題拋給學員，讓他們也進行這樣的思考 —— 有沒有想過，你所遇到的問題，原因究竟來自哪裡？

很多人在回顧、描述感情中遇到的大的挫折和苦難時，好像這個問題天生存在，而且存在得非常久、非常堅實，很多人都無法去質疑問題存在的原因。似乎對方就是這樣的，這個男人就是這樣的，這個女人就是這樣的。事實上，大家思考一下，是什麼讓我們從相親相愛走到了今天？那才是問題的根源。

如果大家是 70 後、80 後、90 後，那麼被動的、包辦婚姻的比例已經非常少了。這幾代人大多數都是在自由戀愛的基礎

上結婚。也就是說，當初這個伴侶是我們自己選來的，至少你在婚禮的那一天，或者和這個人登記的那一天，或者當兩個人歡歡喜喜拍結婚照片的時候，是心甘情願的。甚至有人在婚禮上，握著對方的手，看著對方的眼睛，彼此非常真心地承諾，「yes, I do. 我愛你，我會永遠愛你。」那一刻其實很真實。無論結婚多少年，回想過去的美好時光，那一刻還真實地存在於時空中，它並沒有走遠，還在我們的記憶當中。

大家有沒有認真思考過，自己和另一半是如何從極度相愛的狀態，一步步走到彼此嫌棄、相互討厭的境地？

這個思考非常重要。因為，在你們過往感情衰敗的過程當中，這些點點滴滴藏著無數的答案，這些答案令你們從過去相愛的狀態，走到如今相愛相殺的狀態。

當我們能夠用全面性的觀點來看待自己感情的時候，往往會更容易找出解決問題的鑰匙和密碼。當我們把所有的問題、焦點，聚焦在遇到的困難、挫折、矛盾衝突上時，會發現問題很難解決。

這和「暴力之樹」的觀念一樣 —— 外在的、顯化的暴力之樹上的葉子，內在根本的原因像埋在地底下的根，因為樹根的原因才長出樹葉。我們要想解決樹葉的問題，只有尋到樹的源頭，才有可能從根本上解決問題。

從樹葉到樹根的路徑，沿途所有的探索、反思都是有價值

的。當我們觸碰到源頭，才有可能根本解決葉子的問題。當眼光聚焦在一片單獨的樹葉之上時，我們會忘記整體相互關聯的關係，會孤立地看待問題，往往很難解決問題。

所以療癒伴侶關係的時候，首先要改變的是思維方式和看待問題的角度。

我們要把眼光從聚焦的問題中跳出來一些。「跳出來」不是指放棄問題，指的是把眼睛從這片樹葉上抬起來一點點。

當眼睛貼在樹葉上時，我們根本看不到答案。我們需要眼睛離開樹葉，往後退幾步，站得遠一點，然後再把眼光沿著樹葉的途徑，往樹根下面看一看，試著去看看整個過程，去看看彼此之間問題的來龍去脈。當我們的眼睛看到更多的現象，看到更多的因素，我們才有可能找到這一片「感情受損的葉子」的來源，發現受損的過程，才有可能根本的解決問題，不再重複地在這片葉子上受損，不再讓雙方之間的矛盾循環、反覆發生。

這是我們在療癒伴侶關係中第一個需要解決的問題 —— 改變我們看待問題的思路和心態。

我們藉著問題進一步分析，每個人從相親相愛到產生問題、心結，這條路徑大概是什麼樣的？我們在伴侶關係上所遇到的溝通問題，往往也是這條路徑上必然發生的問題。

不僅是溝通的問題

溝通障礙只是我們在伴侶關係中的表象。如果只解決說話的問題，不解決路徑、源頭以及心理發展的問題，單憑話術和溝通本身，不能徹底地改變關係。

首先，我們來看一看是如何遇到另一半的，這個非常重要。有人可能會覺得，自己跟另一半已經是老夫老妻了，結婚七年、八年甚至十幾年，早就忘了曾經如何遇到另一半，追究那麼早的事情有意義嗎？

我告訴大家，很有意義，因為這就是路徑的源頭。你一定要很清楚，你是怎麼愛上對方的，又是怎麼開始不愛對方的。如果不了解背後的原因，在婚姻關係中遇到的很多問題，我們就如同盲人摸象，一會摸到尾巴，一會摸到腿，一會摸到耳朵。知道這些有問題，但是如果沒有辦法系統地看待它，你也不知道如何改變。這是很多人在婚姻中摸爬滾打好多年，依然搞不好婚姻關係的重要原因。

我們先來看看是如何愛上對方的。很多人認為「自己喜歡對方是頭腦的選擇」，但是更大的真相是 —— 我們對理想伴侶的選擇，來自我們更深層次的潛意識。換句話說，我們遇到的每一個人，都有可能是一個對的人，我這裡「每一個人」指的是我們感情生活上的每個人。

我們理想伴侶的標準往往來自內在的價值觀，或是我們的童年經歷。

理想伴侶是如何煉成的

在克里斯多福・孟的經典作品《親密關係》（*Relationship: Bridge to the Soul*）中，作者非常詳細地講解了一個過程。我們理想伴侶的標準，來自什麼？為什麼我們碰到一個人會一見鍾情？為什麼一些特定的人，會讓我們有心動的感覺？他詳細地解釋了理想伴侶的標準來自我們內在的價值觀，來自我們獨一無二的經歷。你對對方的期待，有著你過去生活的印記。我們在童年經歷中，所有的喜歡和不喜歡，都會投射到對理想伴侶的評判中。就好比一個女孩子，她的父親很溫柔，她希望保留父親溫柔的特質，會很自然地期待未來的伴侶能夠像父親一樣溫柔。這便是我們將父母身上的正面特質，投射到伴侶身上的案例。

有時我們也會將負面特質投射上去。如果父親沒有責任感，女孩子就自然希望未來的伴侶和父親不一樣。她需要伴侶有責任感，想彌補這種缺陷，修正這種特質。不光是我們對父親有投射，我們對母親、對老師、對同伴都會有。兒時，我們經歷了很多人、很多事情，在經歷之後，我們都會在內心深處

有一個判斷，「這個我喜歡，那個我不喜歡」。

　　這些喜歡和不喜歡的正面特質、負面特質，都會以正面或反面的方式投射到我們對未來伴侶的選擇標準中。

　　也就是說，當孩子從小長到青春期，長到荷爾蒙開始出現，對異性有衝動、有心動感覺的那一刻，他對理想伴侶的標準已經形成了。在潛意識的層面，他的內在非常清楚，他想要找一個什麼樣的人。也許他的大腦並不清楚，但是他的潛意識卻是清楚的。

　　這也是為什麼，當一個人帶著他的特質與你相遇時，你會知道哪些人讓你心動，哪些人不讓你心動。那些讓你心動的，都是符合你潛意識期待的人，他所呈現的特質正好滿足你過去經歷的投射需求 —— 這就是我們內在想要的那個對的人。

我們喜歡的是自己

　　我們喜歡的人身上，往往有我們自己的特質。比如說，一個喜歡做慈善的人，往往會喜歡一個喜歡做義工的人；喜歡小動物的人也喜歡對小動物表現出愛心的人。他們更容易做朋友或者男女朋友。我們是因為共性而走到一起，這就是我們經常講的「同頻」 —— 頻率類似、頻率相同。

　　如果大家回憶自己與另一半相識的經歷，會發現能夠在另

一半身上找到共性。這個共性是你跟對方感覺到同頻的地方，就是我們覺得，「噢，他懂我。」他懂你是什麼？就是他能「get」到你那個點，他能知道你內心的想法。其實不是因為他有讀心術，而是在那一點上，他跟你很像。

比如，一個女生很喜歡小動物，她喜歡動物的行為背後有一整套價值觀，來支持她的行為。比如她不會覺得，小動物是低於我們一等的生命。她會把狗狗看作自己的家人，她會認為這個小動物本身有靈性、很可愛、有性格，像朋友一樣。因為這一整套價值觀，決定了她會對小動物表現出愛心。

另外一個人如果喜歡這個女孩，認為「喜歡小動物的女孩有愛心」，其實往往代表那個人內心也有非常相似的價值觀。在他心裡，也認可萬物皆有靈性，動物是我們的朋友。

所以，同頻的地方更容易讓他們彼此理解、彼此欣賞，這也是很多人愛的基礎。

我們欣賞的是差異

兩個人相愛還有一種原因——對方身上有我們沒有的特質。

有人的特點是猶猶豫豫、沒有主見，遇到事情很難做選擇，這是他不喜歡自己的一個弱點。當他看到另外一個人非常有主見、非常決斷、非常明白自己要什麼，他可能會對對方產

生一些欣賞、崇拜、眷戀和愛意，這也是會產生愛的。它的來源是什麼？來源是自己希望成長為這樣的人，雖然自己現在不具備，但是想要尋找一個這樣的人。所以，當這樣的人出現的時候，我們會願意靠近。

兩個人相愛可以是因為共性，也可以是因為差異，並沒有一個固定的答案。但是它們共同的特點是，兩個人彼此相愛都是因為對方滿足了我們深層次的需求，滿足了我們對理想伴侶的一種想像。

關於這部分，如果大家有興趣，也可以花時間讀一讀克里斯多福·孟的《親密關係》。我曾經也詳細講解過這本書，在「曉雅療癒場」這個粉專上，如果大家想要了解，可以點開「微課」欄目聽聽。這本書非常詳細地講解了親密關係的不同階段，每個階段會有哪些表現，每個階段有什麼功課，是非常非常好的一本書，我很推薦。

基於這樣的觀點，大家可以試著去分析，自己和另一半的相遇相愛是不是也符合這個規律？你們當時是因為共性相愛，還是因為差異相愛？你的另一半在哪些方面滿足了你對理想伴侶的需求？這是每一個人開始相愛的原因。

因為共性或差異，兩個人相愛。為什麼婚後兩個人生活的時間越久，彼此在一起的時間越多，問題就越多？

你總結後會發現，在結婚後產生問題的原因往往是差異而

不是共性。很少有人婚後因為兩個人的共性而抱怨，比如說一個注重效率的人很少抱怨對方也注重效率，討厭他跟自己一樣。我們聽到的抱怨，往往是在抱怨對方跟我們不一樣的地方。「我是一個注重效率的人，可對方偏偏是一個效率很低的人」，所以兩個人無法互相容忍，無法互相接納，這才是問題產生的根源。

三觀合不代表事事合

我們經常說，結婚後好的感情是因為兩個人三觀很合。三觀合了才是同頻。但是我們對三觀合可能有一些誤解。有人認為三觀合就代表事事合，這是對婚姻的一種不恰當的期待。正是因為這樣的一種偏執的期待，才造成了很多問題。

三觀合指的是大的價值觀的匹配，而大的價值觀的匹配，就好像我們人類共同的需求一樣，它只有很少的幾種。按照馬斯洛的理論來講，我們人類最多也就六層不同的需求，每個人在根本需求上是一樣的 —— 生存需求、情感需求等。我們根本價值觀的匹配，實際上也是很少的。兩個人能夠走在一起，代表你們當初在認出彼此、感覺「對方就是那個對的人」時，三觀是合的。因為合，你們才能在一起。

三觀合不代表事事合。這是很多人婚姻中會出現無數問題

的原因。兩個人結婚後，相處的機會和時間多了。婚前的交集很少，婚後是大量的交集，在大量的交集中，無數個細節展現了差異。這就像我們在第一節課講過的，「同樣的需求，每個人實現需求的方式卻是千差萬別的。」

比如在吃上，北方人可能更愛吃麵，南方人更愛吃飯。即便是兩個北方人，他們有共同愛吃麵的共性，但是愛吃麵的品種可能不一樣，有些人愛吃燴麵，有些人愛吃油潑麵，有些人愛吃刀削麵，差別很大。有人喜歡放大蔥花、有人喜歡放小蔥花；有人喜歡早上吃，有人喜歡晚上吃。一件吃麵的小事，都有可能造成很大的差異。

對於夫妻來講更是如此。即使我們大的價值觀、人生觀、世界觀適合，在生活事無鉅細的細節中，也會有數不清的差異。大到工作選擇、孩子教育、對待彼此父母的態度、親戚朋友的關係、和朋友相處的模式、自己的愛好、穿衣服的品味，小到你一天刷幾次牙，每次刷 30 秒還是 3 分鐘，從前面擠牙膏還是從後面擠牙膏，上完廁所需要馬上沖廁所還是一會再沖，沖到什麼程度才算乾淨，下班回來脫下衣服是掛起來、扔地上還是放在洗衣機，是用手洗還是機洗、用肥皂、洗衣粉還是用洗衣液等，有太多太多的細節了。

生活當中，我們每天都會遇到這些無數的細節，在這些無數的小事情上，過著一天又一天的日子。兩個人是不可能在如

此多的細節上，都保持完全一致的。我們婚姻中的問題，往往是因為我們帶著「三觀合就應該事事合」的期待走進婚姻。

婚後，我們仍然認為三觀合等於事事合。我們希望，在無數個小事上，對方都跟我們想的一樣、做的一樣，對方都能認可我們的觀點。我們認為，這才是同頻、才是靈魂伴侶、才叫精神的相互匹配，才是心有靈犀。這是我們對三觀同頻、靈魂伴侶的一種誤解。

負面標籤讓隔閡產生

我們講過萬事萬物都有差異，差異本身是中性的。雖然事情分對立面，分快分慢，分是分非，分好分壞，但是無論好壞，事情本身都有存在的價值和理由。兩個人在很多事情上的不同觀點、不同想法、不同做法，並不是我們產生感情問題的根源，也並不是我們無法相愛的原因。

我們無法相愛，夫妻產生隔閡的原因是什麼？是我們不允許對方與我們不同，是我們想要控制對方、消滅對方、消滅差異的希特勒式的想法，造就了感情的隔閡。

我們的矛盾在於，當我們發現自己和對方有不同的時候，給對方貼上了一個「不好」的負面標籤。

就像是一個效率高的人，他看到效率低的人，就會貼這樣

一個標籤，會覺得「你是不好的，你怎麼效率這麼低？你怎麼這麼慢？你怎麼這麼懶？」當我們給對方貼上了不好的標籤，我們就把自己的特質和對方的特質形成一個好壞、是非的階級對比，我們就產生了一個歧視鏈，我們歧視、鄙視、輕視對方。於是，我們就有了不好的情緒，我們就在彼此之間分出了高低，「我好你不好，我高你低」，夫妻之間階級就產生了。

夫妻之間一旦產生了階級，兩個人平等相愛的天平就已經打破，你們彼此相愛的根基就不穩固、開始破裂了，這是問題的根源，是感情隔閡的根源。

當我們一旦想要消滅對方，就想把對方改造成和我們一樣的人。我們不僅要求對方，在大的三觀上跟我們同頻，還要求對方在細節上也跟我們一樣，我們要求「三觀合事事合」，這才是問題的根源。

執著地認為「對方和自己不一樣的想法和習慣是錯的，對方是壞的，對方是需要改變的」，這是夫妻矛盾的根源，是隔閡的開始，也是感情崩塌的原因。

這一點，對於夫妻中的任何一方都一樣。誰陷入了這個問題，誰就應該為感情的隔閡來負責。

事實是，並不是一方陷入這個問題，往往是夫妻雙方都有這樣的問題，都想消滅對方。大家的問題幾乎都符合這樣的規則。

有同學說，「我對另一半特別不耐煩，他的備份箱又亂又滿，我看都不想看。」為什麼？因為這位妻子是一個相對整潔的人，喜歡把東西擺得乾淨、整潔，受不了又亂又滿，受不了不整潔。堵心、難受就會有情緒產生，兩個人的問題就出現了。

這個問題的根源是什麼？表面上看，是備份箱又亂又滿、不整潔。但本質上，是你不允許對方不整潔，你認為「整潔高於亂，乾淨高於髒；乾淨是好的，髒是差的；乾淨應該存在，髒不應該存在，髒不應該存在於世界上，至少不應該存在於家裡」。我們想要改造對方，我們想讓對方跟我們一樣。

性格各有不同

同學甲說，「我和老公性格不同，他慢我急；他安於現狀，我更愛折騰。」兩個人覺得三觀不符有問題。實際上，一個人慢、安於現狀；一個人性子急，喜歡在生活中不斷的折騰，這是兩個不同的特點。

每個人的性格都有各自形成性格的原因，本質上並不分「好壞對錯」。在婚姻中，我們自己分了好壞對錯，給對方貼上了負面的標籤，我們認為「慢就是錯，慢就是懶，懶就是錯，人不應該安於現狀」。我們要求，對方按照我們的價值觀來生活，跟我們保持高度一致，這才是問題的根源。

同學乙說，「我的個性隨和自由，不喜歡規則；而老公的個性是思維嚴謹，做事喜歡按照流程步驟來，東西都有固定的位置擺放。」這是問題的表象，兩個人經常因為這些事情爭吵，彼此容不下。老公覺得，「妳應該擺整齊」；老婆覺得，「我不喜歡擺整齊」，兩個人相互較勁、相互控制，彼此都不舒服。

同學丙說，「我的先生每次去廚房洗刷收拾好長時間，我希望他簡單洗一下就好了，多點時間陪孩子玩耍；而先生覺得如果收拾不乾淨，將來收拾更麻煩。」這是洗碗的問題。一個人認為簡單洗洗就行了，另外一個人認為，要洗就要徹底洗乾淨，兩個人對洗碗這件事情的認知不同。

絕大多數婚姻中的問題，都展現在生活無處不在的小細節上。我們有一種期待，覺得我們彼此相愛了，我們是靈魂伴侶，就應該在很多問題上想法一致。當對方和我們預想的不一致時，我們就會有情緒，想要控制、改造、消滅對方，讓對方變得跟我們一樣。

這裡有個前提，就是大家理所當然地認為，「我們的三觀就是對的三觀，我們對事情的看法和角度就是好的和對的」，所以對方就應該聽自己的，聽自己的是最好的選擇。因為這個原因，我們太過執著地認為，自己的三觀和習慣才是對的，陷入無止境的批判當中。

事實上，「和我們不一樣的另一半」的差異，藏著另外一半

的世界。

世界有正有負。一個硬幣，有正面有反面，它們是各自一半的世界，都有存在的價值，有各自的利和弊。

如果我們放下評判，用客觀的眼光去看待，我們站在硬幣中間去看問題，會發現每一種特徵都各有利弊。

特徵本身是中性的，關鍵看人怎麼用。如果我們執著地認為，自己所處的一半才是對的，我們想要消滅另一半，實際上也讓自己變得更加孤立和不完整。

不同的宗教靈性教導都說，「萬物皆有佛性，萬物皆有神性。」萬物皆有佛性和神性，講的是什麼？指的是，萬事萬物，包括我們的人體、我們自己、我們內在都是圓滿、合一的。這個內在圓滿、合一的狀態，就像是宇宙外界展現出來的狀態一樣，有好有壞，有高有低，有快有慢，它是一個完整的狀況。

身體就是微觀的宇宙，宇宙就是宏觀的身體。我們每個人的內在都藏著另一半的自我，另一半的自我往往透過伴侶的方式展現給我們。

當我們拒絕對方身上特質的時候，在某種程度上，我們也拒絕了自己身上那部分特質的潛力。仔細觀察自己，我們會發現「一個人是不可能一輩子處於一種固定單一的狀態的」。再急的人也有慢的時候，再慢的人也可能有急的那一面。只是說，不同的人，特徵發揮的頻率不同、程度不同。過度強調自己急

的一面，拒絕對方那一面，往往代表內在不允許自己呈現相反的一面。一個性格急的人，如果過度執著於認可自己的急，認為「急才是好的，慢就是壞的」，他會失去一半的世界，他是內在不允許自己慢的人。這樣的人往往因為太過執著於「急」，會因為急而受到傷害，他沒有辦法調整自己的節奏。過度強調效率的人，是沒有辦法放鬆的；同樣，過度強調慢的人，是沒有辦法提高效率的。

每個人都失去了一半的世界。我們只用一半的自我，在完整的世界生活，更容易丟掉另一半的美好。

如果我們能夠跳出對錯，更客觀地看待彼此身上不同的特點，把對方跟我們的不同當作另外的關照，用欣賞的眼光或者至少用接納的眼光，去看待對方身上的特點，很多人的生活會發生很大的改變。

與更大的自我合一

有人堅定地認為，家裡必須要乾淨整潔，地上髒亂是完全不能接受的。我們需要跳脫出「好壞對錯」的評論，用更客觀的方式去形容這種現象。比如，一個人回家，他很嚴謹地把衣服整整齊齊地掛在衣架裡面，把鞋子擺好，然後才去吃飯。另外一個人，回家就隨便一踢鞋子，踢到哪就是哪，把衣服隨手

扔在地上，然後躺在沙發上。這兩種行為模式，其實都難說對錯。我們太過執著，是容易有問題的。

　　整整齊齊掛衣服的人，他收穫了自律所帶來的整潔感。隨地亂扔衣服的人，他收穫的是放鬆帶來的內心舒適感。其實他們各自獲得了各自想要的感受。如果一個人不執著、不糾結，他還可以自由地調整狀態。比如，當一個乾淨嚴謹的人非常累、很辛苦的時候，他也可以變得不整潔一些。這就是他超越自己本性的一面，他變成了一個更完整的人、更靈活的人、更自由的人，他不被整潔所綁架。他可以很整潔，也可以不整潔，無論整潔還是不整潔，他都是自由的。一個不愛疊衣服的人，在他很懶的時候，他可以隨意扔衣服，他享受那份自由帶來的舒適感。但是當他需要的時候，他想讓自己享受更乾淨、整潔的家時，他可以把衣服疊得整整齊齊，把地掃得乾乾淨淨。這樣，他也擁有了另外一半的世界。

　　好的狀態是整合的、完整的，是兩邊的世界你都有，而不是你只要一個。成為更加中性的人，是與更大的另外的自我合一。

　　女人的身體裡也有陽性的能量，男人的身體裡有陰性的能量。一個鐵骨錚錚的硬漢流下眼淚，展現柔軟的一面的時候，是如此從容，因為他完整了。一個柔情似水的女人，當她爆發出強大能量時，是非常有魅力的，因為她完整了。一個完整的

人實際上是個中效能量的人，他可陰可陽，可男可女，可好可壞。這樣的人是很靈活的，可以快也可以慢，可以勤奮也可以不勤奮，需要陽的時候就陽，需要陰的時候就陰，不必糾結。不固定在一種狀態裡面，這樣的人是最自由的、最完整的，也是最有力量的。

當我們跳出了對自我的執著和控制的時候，我們和對方的差異並不是造就感情隔閡的原因，執著和控制讓我們的愛相遠了、相離了。因為執著和控制，想消滅對方，你在平等的夫妻關係之間產生了階級，產生了高低，一個人想把另外一個人踩在腳下，另外一個人也想做同樣的事情，於是兩個人在婚姻中開始戰鬥了。當兩個人處在一種戰爭的狀態，感情就越來越遠。

為何婚姻中越來越不幸福

很多人問，「老師，為什麼我們在婚姻當中越來越不幸福了？」我告訴她，是因為，「你們從來都沒有把幸福當作婚姻中的頭等大事。無數次存在不同意見的細節中，你們都認為堅持自己的意見，證明『自己是對的』比感情更重要。」當兩個人出現「一個慢、一個急」的時候，兩個人都認為，「我的慢」、「我的急」比我們的感情更重要。在每次做選擇的時候，人們都把感情的幸福度放在了第二位，選擇了證明「自己是對的」，這才是

感情問題的來源。

有人因為自己的另一半洗碗太快了，洗得不乾淨而生氣，他覺得，「洗碗這件事比我老公的感受、比我老婆的感受、比我們兩個的感情更重要。我要讓洗碗的這件事情變對，而不是為了保障我們的感情。」

同樣，有人因為對方洗碗太慢了生氣，他覺得，「快是對的，慢是錯的」，忘記了兩個人在一起感情最重要，幸福感最重要。有人認為，獨立是好的；有人認為跟家裡的感情特別親密是好的。有人認為，我們不應該給家裡人太多的經濟補貼；有人則認為，我應該給家裡人更多經濟的補貼。有人覺得，家裡面的家事應該兩個人一起做；有人覺得家裡家事不應該兩個人一起做，就應該一個人做。種種不同帶來了很多矛盾，產生矛盾的根源都是一樣的。

課後思考

請大家運用我們課堂講的內容，做一個心得的總結，把課堂內容做一個整理。希望大家在自己的夫妻關係中，用我們所學的思路去分析夫妻關係、伴侶關係，去看看自己的伴侶關係存在什麼問題。用新的思路去思考，會有哪些不同？

請大家把課堂內容用自己問題的分析上，重新讀一遍你的

問題，試著從自己的角度再去分析一遍，再去找找解決方案。大家可以把對自己問題的分析和解決方案發給別人，跟大家一起討論。如果在分析、討論後，你仍然覺得，「我的問題還有疑惑，我希望老師能夠針對我的問題，一對一的再給我一些具體的答案」，那麼在下次的答疑中，大家可以再次提交問題。我們在答疑課上，會一對一針對問題進行解答！

　　祝福大家！希望每個人都能夠在親密關係中，學到自己應該學習的功課，能夠在親密關係中最終收穫愛，感受到愛，活得幸福美滿！謝謝大家！

第四課
療癒親子關係：
與孩子的非暴力溝通

　　面臨「親子關係」問題的成年人，無論媽媽還是爸爸，都曾經作為別人的孩子，在世界上生活。我們面臨的親子問題，實際是過去「父母關係」的一種摺疊，也就是說，過去自己是孩子的立場和角度，如今轉化為父母的立場和角度。

生理父母和精神父母

　　在「父母關係療癒」那一課，我們講過父母對於我們有兩層含義。一層含義是「生理父母」，他們在身體的層面給予了我們生命。任何一個人出生來到世界上，都一定有一對生理上的父母。沒有這個物質基礎，我們的生命是不可能存活在世界上的。

　　但是一個人是否擁有「精神父母」，卻是因人而異的。有人出生後，由於各式各樣的原因，他的親生父母離開了世界，或者沒有從小陪伴在他身邊。在這樣的類似狀況下，這個人可能只有「生理父母」，他的「精神父母」的位置是空缺的。

　　有人在成長的過程中，雖然親生父母陪伴在側，但是父母雙方經常爭吵，或者過早離異、分開生活，他的「精神父母」的位置依然是空缺的。有的父母雖然沒有離婚，一直陪伴在孩子身邊，但是父母所受的教育、性格、價值觀等，與孩子理想中的父母相差很遠。在心理上，孩子並沒有把親生父母當作自己的精神榜樣。這種狀況下，即使親生父母一直在身邊，孩子心

中的「精神父母」也依然是空缺的。

在上一節「父母關係」的課堂中提到，我們對父母的抱怨、跟父母的矛盾衝突以及溝通的問題，根本來源是我們對「精神父母」有一些期待，有一些要求。我們的親生父母未必天生就能滿足我們的要求。他們給了我們生命，是我們的「生理父母」，但他們未必天生就能滿足我們的精神要求。

能夠成為好的父母的人，並不是因為他們的精神有多高尚，他們的素養特別高，更不是因為他們懂得人性、懂得心靈法則，而是因為他們能夠成為很好的教育者，才成為很好的父母。

成為父母最必要的條件是有一個較為健康的身體，能夠提供健康的卵子和精子，並且在十月懷胎後順利地分娩生產。因為這個原因，我們對自己父母自然的、理所當然的期待，是很不可靠的，也是不現實的。

父母是否能夠在精神上滿足我們、引領我們；是否能夠在性格、人品、教養、文化、追求等各個方面，讓我們發自內心的崇拜、尊敬，這是不能確定的。我們對父母的要求是沒有道理的。因為，父母成長為今天的他們，背後非常複雜的原因。這包含了他們所生長的時代、他們長大的環境、他們自己的原生家庭、他們父母的影響，以及從小到大的獨特經歷，所有這些造就了今天的他們。

　　人無完人。很多時候，父母在別人眼中有很多的優點，但未必符合你的期待。因為這些原因，想療癒好自己與父母的關係，需要先看清楚「生理父母」與「精神父母」的差別。然後，才能更多地活在事實當中，而不是活在自己強加的主觀評判中。我們也不能理所當然地要求父母變成我們理想中的樣子。

　　理想中的父母實際上是我們自己的需求和勾畫，當我們想要改造父母的時候，要求父母按照我們心目中的樣子去活，這也是一種非常自大的心態。

　　同樣，「親子關係」是「父母關係」的一種折射。我們為人父母，誕下一個生命，生命的輪迴開始了。曾經是孩子的我們，因為新生命的誕生，立場發生翻轉，由孩子的角色瞬間轉換成了父母。我們成為了別人的原生家庭，成為了一個小生命的「生理父母」。

　　面對親子問題的時候，我們依然需要非常清晰地知道：成為別人的爸爸媽媽，這個稱謂最根本的描述是我們在生理上給予了孩子生命，媽媽提供了一顆卵子，爸爸提供了一顆精子。卵子、精子相結合，產生一個鮮活的生命。只要孩子順利出生，我們就百分百是孩子的「生理父母」。這一點毋庸置疑，但並不代表我們自然就可以成為孩子的「精神父母」。

　　「精神父母」是什麼呢？和父母關係裡講的一樣，「精神父母」是孩子心甘情願地追隨、崇拜、尊敬的一種存在。我們換

一個立場來看，自己是孩子的時候，我們對父母有哪些期待？也許孩子對你也有類似的期待。也就是說，我們去看看自己是孩子的立場時，什麼樣的父母能夠讓孩子心甘情願的尊敬、崇拜、追隨。

問題的答案，往往是我們對自己的要求。潛意識裡，很多父母本能地已經在這樣做了。一個人在「親子關係」上的想法、行動，往往來自於對自己「父母關係」的反思。

親子關係是父母關係的摺疊

很多年輕人在成家有了孩子之後，在育兒觀念上，會對自己父母的做法有些改進和調整，會留下認為父母當年做得好的地方。有的父母在孩子小的時候花了很多心思，培養孩子各種興趣愛好，孩子可能得到了一些收穫，覺得父母為他付出、讓他收穫了。他很感恩，會把父母的這些付出行為，定義為好父母的標準。

這樣的人，在他自己的親子教育過程中，往往也會傳承父母的這些特點。他認為，這是父母做得好的地方，他要成為這樣的好父母，把這些好的行為習慣和教育方式保留下來。這是很多父母自然而然就會做的，我們會本能地採取自我認可的教育方式。

　　另外一方面，我們會主動規避一些父母做得不好的地方。比如，有人小時候，經常受到父母的打罵。他的父母不會溝通，說話方式非常暴力，經常不問青紅皂白地斥責、否定孩子。因為這些原因，他在童年的時候累積了很多創傷。他認為，父母對待自己的方式是不對的，這是讓自己不快樂的根源。在有了孩子以後，他往往會下意識地想，「我絕不要成為這樣的父母，一定要做不一樣的父母，絕不打我的孩子、絕不罵我的孩子。」他們會把父母身上的負面特徵當作自己的教育禁忌。

　　這兩種方式，雖然看起來完全不同，一種是保留、一種是去除，但是它們本質上是一樣。我們在傳承父母帶給我們的影響，留下我們認為好的，改變我們認為不好的。但是這些標準都來自我們曾經受到的對待，都來自父母給我們的親子教育。

　　如果大家能夠理解這樣的傳承，就不難發現，我們面對下一代時，往往會浮現上一代的遺留問題。我們明明很努力地超越自己的原生家庭，給予孩子更好的教育，在實踐的過程中，卻經常在自己的身上發現父母的印記。「告訴自己，絕不暴力對待孩子」的那些家長，初心是為了避免曾經發生在自己身上的事情，再度在孩子身上發生。我們用了很大的努力，想要避免同樣的狀況再次發生。越是這樣，我們越會發現，在跟孩子相處的過程當中，很多時候隱性的相似性會經常出現。

　　如果媽媽或者爸爸仔細梳理對待孩子的方式，把它和自己

小時候受到的教育進行對比，不難發現兩者有很多相似之處。雖然有時表現形式不一樣，但是根本的核心和本質是一樣的。

　　小時候經常被父母打罵的人，成為家長之後即使可以做到「不對孩子動一根手指」，但是他的情緒反應模式，仍然會非常像自己的原生家庭。遇到孩子出現問題，就抓狂炸毛的那種狀態是很相似的。這是什麼原因呢？因為「親子關係」是「父母關係」的一種摺疊。如果我們把一張紙從中間壓一個摺痕，對折起來，你會發現「親子關係」和「父母關係」是完全對應的。

　　我們轉換立場的那一刻，從孩子的角色上升為父母的角色。跟孩子互動的時候，孩子的狀態能夠勾起我們的兒時記憶。在孩子的狀態勾起、觸碰到了兒時記憶的那一刻，我們會和孩子的狀態產生一種同頻共振。當同頻共振發生時，在潛意識深處，父母和孩子這兩種立場同頻交織了。面對孩子，你是父母的角色，因為在孩子身上看到類似的狀況在自己身上曾經發生過，這一刻自己的內在小孩、過去的童年被喚醒了，因為這是同樣的行為模式。

被喚醒的內在小孩

　　當我們的內在小孩被喚醒時，那一份創傷的記憶也同時被喚醒了。在被喚醒的那一刻，我們會瞬間忘記，自己已經是父

母的角色，面對的是自己的孩子，而不是自己的父母。

在那一刻，兩種身分、角色會模糊起來，很多人會本能地扮演自己了，這是潛意識的輪迴。在被喚醒的瞬間，很多家長會控制不住自己的情緒，會不受控制地發脾氣，對孩子發洩情緒。他發洩情緒的方式恰恰就是小時候父母對他發洩情緒的方式。當這種狀況發生的時候，我們就意識到，潛意識的那種原生家庭的傳承再次發生了。這也就是我們講的輪迴。

因為這些原因，在「親子關係」上遇到的問題往往是在「父母關係」中尚未解決的問題。透過跟孩子的互動，往往能夠看到自己內在尚未解決的問題，它是一種外在的提醒，提醒我們需要回到內在，解決自己跟父母源頭的問題。

很多時候，親子教育的觀念來自我們對父母根深蒂固的認知，兩者是緊緊相連的。一個媽媽或是爸爸，如果在親子教育的問題上出現了很多煩惱和困惑，往往在於其自己在「父母關係上」還有一些心結沒有過去，有些問題沒有解決。它像一個鏡子般投射；一個人在自己的「父母關係」上，處理得越清爽，療癒得越完善，在「親子關係」上往往也越輕鬆，能夠越自如地找到自己的位置，處理得越好。

接下來，結合實際案例，我們來進一步分析。一位同學說，「很受不了孩子在公共場合、或者親朋好友聚會見面的時候，這些我認為很在意面子的場合發脾氣。我當時的感受是恐

懼、慌亂、羞恥、煩躁、生氣和怨恨。我的想法是孩子已經 11
歲了，他得趕緊恢復平靜。我的行動是盡快安撫他，使他平靜
下來，如果不行我就想逃跑。這個問題大概從孩子幾歲的時候
就出現了。我一想到要帶他出去，比如說跟別人一起玩、一起
吃飯或者參加活動，我就有心理陰影，恐懼的感覺就會襲上心
頭。事後我也和他談過、引導過，但有時我還是會招架不住。
我的問題是如何幫助孩子進行情緒管理？我能想到的解決方案
是尊重差異，等待他成熟的那一天。」

對於這個問題，首先需要思考的一點是，那些你很在意面
子的場合，是什麼場合？如果每次都是在這樣的場合下，孩子
會發脾氣，有可能代表你 11 歲的孩子已經跟你形成了一種對立
的報復狀態。我們知道，孩子在小的時候，由於身體上跟父母
形成了巨大的懸殊，孩子處於更加脆弱和恐懼的一方。孩子的
吃喝拉撒、生命的延續都要依靠父母。孩子往往處於一種被動
的狀態，我們做孩子的時候也是如此。

父母的外形更高大，身體更加有力量。孩子打不過父母，
又要依賴父母存活，在這種狀況下，孩子是處於弱勢的。但
是，這並不代表孩子沒有脾氣，沒有自己的想法。當孩子處在
弱勢狀態，內心又不接受父母的某些做法時，他們沒有辦法鼓
起勇氣，直起腰板反抗。但他們會採取其他方式來進行反抗，
往往是用發洩情緒和不配合的方式。你越在意，他越不配合。

這說明，孩子對父母有一種不成全的心態。父母越在意面子，孩子越不想成全父母的面子，這是一種可能的狀況。父母需要思考一下，和孩子之間是否已經有類似的敵對狀況了？

這種敵對狀況是怎麼來的？它是一種反抗和報復，往往來自孩子對父母的不成全。父母在跟孩子過去互動的過程中，孩子也感受到了自己不被成全。也就是說，父母有可能也傷過孩子的很多次面子，不成全孩子的某些需求。這是一個思考的方向。

另外一個思考的方向是，當你身為父母的時候，非常在意孩子要給你長面子，要當你的門面。你如此在意這件事情，有可能代表在你童年的經歷過程中，當你還是孩子的時候，你父母對你有這樣的要求。他們要求你扮演一個好孩子，要求你在外面的場合給父母長臉。在過去同樣的情境下，你身為孩子的不配合和不滿意也許被壓抑下去了。也許你沒有意識到，但它卻會反映在今天的親子關係中，透過孩子的行為來重現你當年的心理過程。

我建議從這兩個方向，再次思考一下你的問題。

這是一個非常典型的問題。有時，家長需要孩子來滿足自己的面子，需要孩子在外面充當門面，展示自己的教育成果。其實，這樣的需求也不是不可以，但是父母一定要明白，滿足自己的面子，是你自己的需求，孩子自然沒有必要就去配合。

當孩子發脾氣時，我們的焦點是孩子傷了我的面子，讓我在朋友面前不好看。當我們出於這樣的角度看待孩子的時候，可能看不見孩子真正的需求和問題。我們根本意識不到孩子為什麼發脾氣。孩子在哪些地方有情緒？他的哪些需求沒有得到滿足？我們的焦點不在孩子身上，而在孩子如何壞了我們的好事上。這種情況下的溝通基本上是沒有效果的，因為兩個人根本不在同一個頻率上。

我們跟孩子談論、引導孩子的時候，往往帶著強烈的目標、強烈的要求。我們談話的目的是為了改變孩子，卻並不關心孩子的內在想法，最後的結果往往很難改變。如果我們跟一個人的溝通，最終目的是為了改變他的現狀，讓他成為我們想像中的樣子，往往結果很差。因為我們在做一件改造他人的事情，並不是真關心對方，卻想讓對方配合，這是不太可能的。

現在，關於孩子玩遊戲的問題很普遍。有一位媽媽說，孩子玩遊戲，每天黑白顛倒，勸說過很多次，但是孩子還是不改。她的想法一句話總結就是，想盡量讓孩子能夠回到正常作息的時間。她現在想到的解決方案是對孩子說，「孩子，媽媽知道你想放鬆、想玩遊戲。但長時間的熬夜，媽媽會非常擔心你的身體。我希望你晚上可以正常休息，這樣第二天會感覺很舒服。身體是革命的本錢。」

手機遊戲很困擾

　　另外有同學說，「我家有一位個將升高二的男孩，酷愛手機遊戲，以至影響到學習。從初二開始，我經常發現他晚自習玩手機、半夜玩手機、把書摳個洞藏著玩手機、跟同學湊錢買新手機。我發現這些情況後跟他談過，他承諾改正。但在高一下學期，又出現了類似的情況，我真的很擔心玩遊戲耽誤學業。我們在暑假制定了協定，他同意上午讀書，下午或者晚上選擇一個時間玩遊戲。但是執行得並不好，我覺得他讀書動力不足。每當和他交流諸如讀書時間緊迫、提升成績之類問題的時候，我們就會產生爭吵，彼此覺得相互不理解。我迫切想解決的問題就是如何有效地與兒子溝通，讓他明白手機遊戲影響課業，把對遊戲的熱情轉化到課業中來。我控制不住對遊戲的負面評價，以及對他課業成績的擔憂。我想到的辦法是：了解兒子感興趣的遊戲，體會他從遊戲中得到的滿足；與課業對比，尋找他感興趣的學科滿足點，從而加以引導。」

　　關於遊戲的問題讓無數的家庭都非常困擾。在講親密關係的時候，有很多人抱怨老公玩遊戲不顧家，如同爸爸媽媽控訴自己的兒子、女兒，玩遊戲不顧課業，我們把遊戲當成了罪魁禍首，認為遊戲很糟糕。其實父母對於遊戲的一些看法也正常，因為孩子花了太多的時間在遊戲上，一不寫作業，二不睡覺。我們會覺得遊戲是阻擋孩子健康成長的禍害。爸爸媽媽們

在跟孩子溝通遊戲的時候，往往會狠狠咒罵遊戲，「這破遊戲有什麼好玩的？這個遊戲太不好了！」我們對遊戲越咒罵，負面的評價多，孩子越愛遊戲，根本就產生不了任何作用。這種情況類似伴侶出軌，人們的第一反應是罵第三者，認為全是第三者惹的禍。

人們的第一反應總是認為，「我的老公出軌了，是被這些的第三者勾引去的。如果這些第三者不在了，我的老公就會愛我，就會回家了。」

父母們希望遊戲消失，覺得遊戲的存在是不合理的，某種情況下，和我們對第三者的排斥是一樣的。我們覺得都是遊戲惹的禍，是它勾引我的孩子。因此我們採取的方案是告訴他：遊戲有多壞，讀書有多好。遊戲影響健康和前途，讀書能夠帶來健康和前途。用這樣的說教來試圖改變孩子的行為，你會發現效果甚微。為什麼會這樣？

因為我們從來都沒有真正了解過，為什麼孩子會玩遊戲。就像妻子沒有去了解過，為什麼丈夫找第三者一樣。因為第三者漂亮溫柔、不嘮叨、有魅力。雖然這並不能夠成為出軌的理由，但卻是他們出軌的真實原因所在。就像很多孩子玩遊戲，不是因為他不知道讀書重要，不是因為他不在乎自己的身體健康，也不是因為他熬夜不難受，而是因為覺得遊戲太好玩了，遊戲有意思，遊戲能滿足他的需求。那些越在現實生活中受挫

的孩子，就越會沉迷在遊戲的世界裡。

　　遊戲有一個非常神奇的特點，那就是能夠快速滿足一個人的成就感。在現實的生活中，讀書是枯燥的。必須要進行長時間的累積和學習，才可能在成績上有一些正面回饋。有人可能要努力半年，透過期末考試才能夠看到他的分數有明顯成長。但是遊戲不一樣，幾分鐘就可以玩一局，這一局贏了就會帶來快速的成就感。

　　現在很多遊戲的設計很人性化，並不是簡單地打發時間。在某些遊戲中需要很多因素，才能夠贏得這場遊戲。比如，很多遊戲要求你有很棒的策略思維，還需要有很好的團隊精神，得跟隊友彼此和諧配合才能共同贏得遊戲勝利。甚至很多孩子在玩遊戲的過程中，發展出了要好的友誼。他們在遊戲的世界裡相互鼓勵。在遊戲裡，他們成為各自的大俠和英雄，他們在遊戲裡學會拯救、成長，甚至學會領導。一個人沉迷遊戲，基本是因為遊戲滿足了某方面的需求。他們需要被認可，能夠感受到自己的價值，發揮自己的才智，遊戲讓他們得到很多正面的回饋。

　　有些人在遊戲的世界裡是一個非常受歡迎的角色，他的隊友們欣賞他、依賴他，他可能甚至是一個領導者或英雄，能夠拯救或影響很多事情。一方面，遊戲的世界給了他們很多正向的回饋；而另外一方面，他們在現實的世界收到了很多負向的

回饋，比如學習上可能受挫。可能由於自己不夠聰明，由於哪些學科不夠擅長，他們沒有辦法在現實世界裡獲得大家的認可和讚揚。他們可能聽到的是老師家長的否定、鄙視、責罵和說教。對比起來，很多人會選擇更多時間放在遊戲的世界裡。雖然這確實是一種逃避，這樣的惡性循環，隨著我們逃避的次數增加，就越加依賴。

沉迷遊戲也是一種上癮的表現。就像很多人抽了一輩子菸，並不代表他是個傻子，完全不知道危害。難道他不知道抽菸對身體不好？長期抽菸會損害身體，甚至生命，這些他都知道。但是比起他心裡感知的抽菸的損害，抽菸後身體和心理上的釋放、緩解和正向的回饋感到的快樂更重要一些。這是他的選擇。

如果問一個孩子為什麼玩遊戲，答案很簡單 —— 因為遊戲很好玩，玩遊戲很快樂。一個人為什麼愛玩遊戲、不愛讀書？就是因為玩遊戲比讀書快樂，就這麼簡單。我們想要勸說他放棄一件快樂的事情，去做一件痛苦的事情，自然是很困難的。我們這些做父母的成年人，跟孩子也沒有什麼本質上的差別。我們也有困惑、懶惰和放縱自己的時候。就如同健身這件事情，誰不知道健身對自己的身體好，每天一動不動坐著，身體長了贅肉對自己的身體不好。這件事情人盡皆知。難道能說那些不健身的成年人就是傻？就是沒有覺知嗎？或是年齡太小，

不懂事？不，他都知道。但是為什麼不是每個人下班之後都去健身呢？我們其實有一萬個理由，最簡單的理由就是健身很累，躺在家裡吃洋芋片、看電影很舒服，就這麼簡單。

很多時候上升到本性的批判，就是人的惰性本能和勤奮本能這種兩種本能之間的抗衡，是人的自主力量。我們反觀自己，什麼時候自己會去健身？因為你的爸爸媽媽說教？你的朋友勸你？還是因為健身教練的廣告？其實那些外因都不是最終的原因，最終的原因是某一天你發自內心地意識到健身這件事太重要了。

有人身體檢查出一個小毛病，有人羨慕別人的好身材，然後下了決心去健身。這些決定必須是來自我們自己，我們才願意真去做出改變，別人怎麼說教都是沒有用的。

身教的陪伴

放在孩子身上也是一樣。我們天天在孩子耳邊說，「遊戲太糟糕，你應該改變」，其實是無效的。人是不會因為道理改變的。父母能做的是身教。

很多父母希望孩子回家就看書，但是父母自己從來不看書，這樣的教育是強制性教育。父母讓孩子去做他們自己也不願意做的事情，這樣難度非常大。一個優秀的作家未必能夠透

過自己的影響讓孩子也成為作家，但他很可能會使孩子對閱讀、書寫產生興趣，即使孩子的天賦不在這方面，未必能夠走上同樣的領域。天天在家看書，在閱讀的世界裡獲得了很多營養，自己非常愉悅的父母，會帶給孩子閱讀方面的影響。即使這樣，也僅僅是有可能產生好影響，也許你的孩子就是不喜歡，這是人和人興趣的差異。

如果父母自己不讀書，自己不處於學習的狀態，卻要求孩子處於對學習飢渴的狀態，是非常困難的。在這個問題上，父母要做的就是同理。我們需要理解孩子的狀況，認知到他們喜歡遊戲不是一件錯誤的事情，是一件正常的事情。

我們可以調整一下思維，不要想消滅遊戲。就像我們不要把焦點放在「消滅第三者」，而是要放在修復兩個人的感情上。兩個人的感情出了問題，才有第三者的出現。如果把所有的重點都放在「消滅第三者」上，這是一種不理智的行為。

在親子關係方面，大家也不要把焦點放在遊戲上，想要消滅遊戲。這樣只會讓你和孩子在共同理解這件事上越走越遠。我們要去關心孩子在課業上出現的問題。他不愛讀書，一定是他在學習上不快樂、不容易，他有困難、不自信、有難點，或者他在學校不快樂。

如果父母能夠從這個角度去切入，用平等的角度，而不是說教的角度，了解一下孩子的世界到底發生了什麼：他遇到了

哪些困難？那些困難你有沒有可能提供幫助？或者孩子是否願意你提供幫助？如果從這樣的一種更平等、不控制的角度去溝通，或許還有可能跟孩子重新建立一些信任。只有當你們彼此之間的信任建立起來時，你才有可能給他提一些過來人的建議，跟他談談心，讓他知道你的良苦用心。這個信任建立之前，你所有的說教都是無效的。

還有同學提到，孩子長大上大學了，和家裡的關係開始變淡了，對家人的依戀也變少了，父母有點不適應。孩子越長越大，他和父母的關係會越來越遠，孩子變得越來越獨立，越來越不依賴父母，這是一個必然的過程。

每個家長在孩子成人之後，都必須要面臨一個心理建設。就如同我們自己一樣，當你越來越大，就越渴望獨立生活在世界上，希望父母不再把你當作孩子。我們換一個立場，這樣的事情就非常容易解決了。

▌父母和孩子，是兩條曲線

父母和孩子，是兩條曲線。父母的曲線由高向低不斷蛻變。當一個父母處於中年的時候，生命軌跡開始向下走。當一個孩子成人之後，生命軌跡開始向上走。兩條曲線來到中間的交界點之後，會漸行漸遠。我們跟孩子的關係就是這樣的關係。

　　18 歲是很多父母和孩子的交叉點。在 18 歲之後，孩子上大學開始獨立了，這是孩子遠離父母、獨立成長的一個開端。你們現在所遇到的問題，只是一個開始。父母可能要調整心態，孩子長大了，並不代表孩子不愛父母，只是孩子愛父母的方式改變了。

　　孩子在三歲以前，愛父母的方式，就是像個小油瓶一樣掛在父母身上，走到哪都要媽媽抱抱，甚至都不願意自己走路，永遠都黏著你，要摟脖子、抱大腿。如果孩子 18 歲了，還對自己的父母摟脖子、抱大腿，那就不正常了。孩子長大獨立了，需要更多自己的空間，跟家裡人溝通的頻率減少，這是非常正常的。

　　很多父母長期將自己的心思放在孩子身上，跟孩子進行高頻的互動。上大學對很多媽媽和爸爸來說是一個分水嶺，是一個比較難過的過渡時期，因為 18 年的習慣被打破了。爸爸媽媽們要慢慢接受，別著急對孩子做出不孝順、不愛自己的評判，這是一個正常的狀況。

　　你的孩子正在長大，他正在變得獨立，這是件好事。你仍然可以去表達自己的關心和愛，但是要主動減少一些對孩子的限制和過度關照。同時，你要主動去調整一下自己的世界。

　　孩子終究會創造他自己與下一代的家庭，父母也需要重新回到沒有孩子之前的二人世界，建立自己的圈子。

　　另外，還有兩個同學提到了跟孩子的其他溝通問題。有個八歲女兒的媽媽覺得在孩子面前權威不夠。在家裡建立了一些規則，可孩子軟磨硬泡，家長又心軟，這些規則常常執行不下去。媽媽覺得應該有一些規則，不能總是縱容和溺愛孩子，否則對孩子不利，對親子關係也不利。

　　父母在孩子面前，尊重孩子的需求、跟孩子平等相處，並不是我們對孩子要事事寵溺、事事順從。就像我們之前說，跟父母溝通的時候，最好的態度是溫柔而堅定。我們與孩子的溝通也是這樣。父母制定的規則很多時候也考驗了父母的定力。孩子是非常會察言觀色的小生靈，他們很厲害。很多父母都低估了孩子，覺得孩子小，什麼都不懂，其實孩子只是社會經驗不懂，孩子在心靈上其實和大人是完全平等的，他們什麼都懂。

　　因此，當妳在孩子無數次的軟磨硬泡中放棄原則的時候，等於在傳達給孩子一件事情：媽媽是沒有原則的，媽媽說的話是不算數的。這是妳身教給孩子的一個最直接的資訊。孩子看到的、接收到的並不是妳執行了那些規則。妳讓孩子覺得媽媽說的話是不算數的、沒有價值的、沒有用的，自己不需要聽妳的話。

　　這種情況下，一來孩子並不會尊重妳的權威，二來也學不到權威的價值。事實上，可能妳給孩子最大的影響是，孩子自己也會成長為一個沒有定力的人。因為媽媽是一個沒有定力的

人，媽媽不堅持自我。所以這種情況，家長可以從這個方向去思考一下。這種現象有可能是妳對自己的不堅定在親子關係方面的反映。妳對自己權威原則的不堅定，有可能反映的是妳內心深處的自我問題。妳要思考「自己到底想過什麼樣的生活，妳到底想成為什麼樣的母親」，當妳對這些問題有了真正答案的時候，可能才會知道應該如何面對孩子。

孩子不願意溝通的原因一般是我們跟孩子的溝通時總是在責備、否定，誰都是不願意一直聽的。就如同父母一見面跟我們說話，就說我們哪裡做的不對，哪裡做的不好，我們也不愛聽這樣的話，無論孩子還是大人都不愛聽。批評別人、說別人錯誤、提意見是非常有技巧的事情。從這個角度再去重新思考，下次跟孩子溝通的時候，只說事實，不做評判，不著急批判他的錯誤，聊聊彼此的感受、彼此的需求，可能會有不一樣的效果。

第五課
改變職場關係：
用非暴力溝通進階事業

對大部分人來說，職場在我們人生中所占的比例是非常大的。除少數人不在職場，比如全職媽媽、孩子、已經退休的老人，大多數人都身處職場之中。在職場的時間即為工作時間，它在一天中占比很大，很多人一天身處職場的時間甚至超過三分之一。

多數人週一到週五至少有 8 個小時在工作，因此我們有很多的溝通發生在職場。職場中經常會遇到暴力溝通。比如，對方說了一些不當的話讓我們產生不愉快的感受，或者我們自己對別人進行了一些暴力溝通而不自知。

職場溝通必備原則

我們來談談職場中有哪些原則是需要了然於心的。

首先，要避免我們自己在職場中成為暴力溝通的加害者；其次，當對方用不合適的方式跟我們講話時，我們能更好地處理接收到的暴力溝通，知道如何更好地應對。

我收集到了很多人在職場中遇到的一些溝通問題。有人在職場中容易對同事產生嫉妒的情緒，他發現只要同事說一些同事自己好的事情，他就覺得對方是在炫耀。有人在工作中，總覺得同事太過強勢，跟他們相處的時候感到很被動，對方強勢的語氣、說話的方式都讓自己感到難以應對；有人在職場中，

發現對方把自己當作垃圾桶，總向自己傾倒負面情緒，自己礙於面子不好意思拒絕，在工作時間浪費掉很多精力，這些是很常見的問題。

還有一種更普遍的狀況，團隊中某些人（自己的上級或同事）非常固執、很情緒化，自己跟他們配合的時候，他們情緒非常不穩定，要麼主意變來變去，要麼說話總帶有負面情緒。在這種狀況下，大家心情都很糟糕。職場是個很特別的場景，上面所說的這些問題，都在某個方面上犯了職場溝通的一些禁忌。

職場溝通和其他溝通是有差別的，最大的差別在於，職場溝通是一種功能性溝通。我們跟同事、領導、下級以及其他在工作場景當中認識的人，甚至包括我們的客戶，彼此之間的紐帶是工作。

功能性的溝通

公司是一個功能性的場合，大家之間的談話就是功能性的溝通，這與在其他場合的溝通是不同的。就好像我們生活當中有一些場景，我們溝通的目的性就沒有那麼強。比如一個陽光燦爛的週末，我們可能約上幾個好友，找一個舒服的地方，坐下來喝喝茶、聊聊天。在這種狀況下，溝通是一種放鬆的方式，大家沒有什麼明確的目標，往往是朋友之間的見面聚會、

彼此敘舊而已。這種溝通往往輕鬆自在，大家也不是根據社會分工的角色來定義的。這樣的聚會發生的聊天和溝通，彼此是卸下面具和「title」的，大家以朋友的方式聚在一起，談論的話題通常也比較私人。這些和職場中同事、客戶、主管間的溝通完全不同。

因為性質的不同，在職場溝通的範圍內有很多原則、規矩、戒律需要學習。這些放在任何一種工作場景都是實用的。如果能夠提前知道這些原則，我們在自己的公司、部門裡，跟任何人溝通的時候都會少走很多彎路，少犯很多錯誤，避開很多坑。不做暴力溝通者，成為一個好的溝通者，會為我們帶來好人緣、高效率。

當我們給別人行方便的時候，最終力量還是回到了我們自己身上。我們成為一個好的溝通者後，會在溝通的話語權上越來越有影響力和掌控力，會在職場中溝通時，越來越自在、越來越得心應手。我們自己成為一個好的溝通者後，會明白這些規則、規律，比對方更能夠掌握彼此的節奏。當別人用不恰當的方式溝通時，我們能夠讓自己不受傷害、不對號入座，這也非常重要。

我們一起看看在職場中容易被大家忽視、又確實存在的規律和原則。

目標要明確

第一條原則，明白職場溝通是功能性溝通。我們進入公司，實際上為了一個共同的目標。職場中的所有角色，無論老闆還是員工，領導還是同事，大家都有一個共同的目標，就是致力於我們的工作、我們的產品、我們公司的發展。

大家基於共同的目標才聚在一起，所以這些人產生的溝通是功能性的溝通。也就是說，在職場中跟別人溝通的時候目標要明確。我們要知道，自己跟別人溝通的目的是什麼，這個目的往往是為了完成工作。在職場當中，從早上走進公司到晚上下班，我們一整天跟別人產生對話的內容，絕大多數都是跟工作相關的。比如我們開會，開會是為了集體討論工作；我們跟同事溝通，也是為了接洽兩個人工作中合作的問題。大家在職場中跟其他人溝通的時候，目標要明確。

目標明確，就是每一次跟別人開啟聊天時，我們都要知道是為了什麼。我們並不是閒聊，也不僅僅是為了發展感情，而更不是為了扯一些八卦閒談。目標是非常重要的。如果知道這樣的原則，我們就知道有些人的溝通是沒有目標、隨性而起的，這種時候是容易產生問題的。比如，前面提到有人的同事經常在他面前，講一些自己特別得意的事情。這位同學感覺到很不爽，為什麼？因為感到對方在炫耀。這裡說明了什麼？說

明他們之間的溝通是沒有目標的，同事也許潛意識裡是在炫耀，但是可能他自己並沒意識到，他並不知道在職場中跟同事溝通是要有目標的、功能性的溝通。他可能隨便就挑起了一個話題，這是由他自己的潛意識支配的。

這樣的話題在職場中是不合適的。很多人可能在別人面前長篇大論自己的一大堆優點時，都不知道為什麼要說這些話，為什麼要在工作時間同事面前說一大堆個人的成績、成就、個人優秀的地方，他不知道目標。如果仔細思考目標，也許他就不講這段話了，因為這段話對於你們之間的工作、公司的業績、個人的工作內容毫無幫助，這段話在職場中是沒有意義的，不需要被表達。所以第一點，大家要知道：職場溝通往往是功能性溝通，應該目標明確。

多用敬語

第二個原則是，在職場中一定要多用敬語，多用禮貌性的語言。很多人在職場中遇到一些情緒，往往是因為跟你說話的那個人沒有禮貌，用一種高高在上的姿態講話，我們就很不開心。在職場中，大家不是親密的關係，既不是生活中的親人，也不是生活中的朋友，是基於工作關係認識的。無論對待同事、客戶、上司還是下屬，都要多用敬語，像「請」、「您」、「謝

謝」等，要把它們當作常用詞彙掛在嘴邊，沒有人會拒絕一個總是客客氣氣的人。在工作中常用敬語的人，往往也是在工作場合當中非常受歡迎的人，他們擁有一個好的人緣。無論別人怎麼講話，我們自己都要多用敬語，在工作場合中尤為重要。

因為職場溝通是一種功能性的溝通，大家在職場中表達意見的時候，往往也是圍繞工作內容的。很多人習慣性用口頭表達來講述工作內容，跟主管報告專案時口頭講一講，跟同事交流想法時口頭講一講。事實上，口頭表達很容易產生誤會。每個人對同一個詞的理解是千差萬別的，再加上我們表達、溝通時，語言只占到很小的一個比例，語言加上聲音所占的也不超過 30％比例。大部分情況下，我們的身體語言占了 70％的比例。很可能你表達的是 A，但是你的身體語言、表情，還有其他額外的資訊甚至你的外貌、裝束等，會讓對方產生認為是 B。然而很多人意識不到這些。所以，口頭表達會降低溝通的準確性。

▌多用書面溝通

第三個原則是，盡量多用書面方式溝通工作內容，這樣可以減少歧義，提升效率。

什麼是書面溝通的方式呢？簡單來說，把想法寫下來，傳

送或列印出來。如果要向主管匯報工作，我們把它做成一個表格或檔案，在寫的過程中，我們會發現書面語言讓我們的表達更加嚴謹。我們在寫的過程中，會用一種更加邏輯的方式把它落實下來。這個過程會減少很多我們不加思考、脫口而出的無意義的話，或者不恰當的話。只要寫下來，我們會發現內容一定會變得更加謹慎、更加準確，並且會減少很多無意義的表達。

　　用紙面的方式去跟別人溝通，或者相對正式的檔案方式去溝通，在工作溝通是非常高效的。我們在工作中的很多誤會都是由於口頭表達產生的。你跟他講了，他說我不記得；你跟他說的是這個意思，但他理解錯了，事後你想找證據都沒有。請記住第三個原則：在職場溝通過程中，多用書面溝通，減少歧義，減少暴力。

明確需求

　　第四個原則是，要明確地告訴對方自己的需求，而不是讓對方猜測。讓對方在職場中猜測心意是一個大忌。有時候在戀愛關係當中，情侶之間會猜測。其實在親密關係當中，讓對方猜心思也不是一個好的策略，但你們之間是非常親密的情侶關係，所以有的時候猜一猜對方的心思，還有那麼一點小情調，但是這在職場中，這就太不合適了。

　　有人提到自己的一個主管做事情喜歡讓別人猜他的想法。主管自己是有明確答案的，但總想讓下屬先去猜，下屬猜了好多答案之後，他再一一否定，然後告訴下屬真實的想法。這會讓別人很不舒服，因為大家沒有猜別人心思的義務，不是每個人都有讀心術。

　　在職場上專業度非常重要。我們會希望每一個跟我們合作的人，都表現出有專業素養的一面，這樣我們的效率會增高，會減少麻煩；但同時，我們也需要提升自己的職場專業度。職場專業度有一個非常重要的特徵，那就是我們清楚自己到底要做什麼。這和第一個原則很呼應，我們每一次的溝通都要目標明確。

　　我們不喜歡猜別人的心思，我們自己也要做到不用別人猜我們的心思，要明確告訴對方自己的需求和要做的事情，不要模稜兩可，不要話說一半。工作中，很多人會在聊天軟體完成溝通，不一定非要見面，它有方便快捷的一面，這也會出現一些類似問題。無論我們傳訊息溝通、電話溝通還是見面溝通，改變的只是溝通方式，溝通的本質還是一模一樣的，這裡面的原則是互通的。

　　通訊軟體特別常見的一個禁忌是：很多人用聊天室聯絡別人時，就打兩個字「在嗎？」然後什麼都不說，等對方回覆。很多人都會收到這樣的訊息，而且不願意回覆。為什麼？因為

我們並不知道對方的目的。這種情況下，他是要找你借錢？是要請你吃飯？還是要跟你商量一個重要的決定？你都不知道。你一旦回覆，就等於接了這個話，你要應對對方。萬一對方提出一些你不想要的、不想接的話，因為你回了「在」，就得接著回應。

很多人這樣做是把難題丟給了對方。所以，永遠不要在訊息裡只傳「在嗎」，或者「現在有時間嗎」，這都是很糟糕的溝通方式。好的溝通方式是，我們在文字裡直接說明自己的需求，比如「在嗎？我現在有件事情想請你幫忙。這件事情是……你可以考慮一下，或者你方便的時候請給我回覆。」我們需要明確告訴對方自己需求。

提前預約

第五個原則是提前預約。這是我們在與人溝通的過程中，容易忽視的一個小細節。無論我們跟對方用語音電話、直接打電話、跟對方見面，我們都需要預約，徵得對方的同意，這一點很重要，尤其在職場中。

我們反覆提到，職場是一個很講究專業性的場合，很多人在職場上卻是不專業的狀態，也可以稱作太隨意。比如，要聯絡一個客戶，你沒有提前預約，直接打電話過去，也許對方正

在開會，接電話很尷尬。在這種場合，貿然打過去的電話，對對方是一種干擾。如果對方所處的場合非常不合適，這個電話對對方就是一種很暴力的行為，你完全沒有考慮對方的感受。

如果我們需要跟對方進行較長時間的溝通，需要先徵得對方的同意。我們可以先傳個訊息問一下，「某某某，我想跟你通個話，請問你時間方便嗎？如果不方便，你什麼時候有空？」我們換個立場，如果別人每次溝通之前都先跟你預約，請求你的同意，考慮你的時間安排，你會發現自己很受尊重。這樣的溝通就是非常專業的、良性的溝通。

跟職場相關的另一個小細節是，我們跟他人通話的過程中，不要隨便開擴音，這涉及機密或隱私的問題。對方打電話給你，不經你任何同意，就把擴音開啟了，你跟他聊了半天，才發現在他那邊有好幾個人，都聽到了你們的談話。這會讓我們有一種不安全感。因為你不知道，對面聽到你談話的人是誰，會不會產生不好的影響。你以為這是你和他兩個人之間的談話，結果你的談話被無意公開了，這種做法讓人很不舒服。但是，很多人沒有這種意識，他覺得無所謂，沒必要跟你打招呼，其實這是不對的。這一點不光是工作關係，在其他關係上也一樣，不要隨便開擴音。如果想要開擴音，要徵得對方的同意。

把這一點延伸開來，我們的職場中還要注意一個細節：在

工作場合，大家的私人談話要相對小聲一點。有些人沒有界線感，在工作場合去討論自己工作的時候聲音特別大。要知道並不是所有人，都願意聽到你們的談話，跟你溝通的人也未必願意談話被別人聽到。所以，我們在工作場合，如果不是開會或多人討論，無論我們說的什麼內容，都應該盡量保持在兩個人可以聽見的聲音範圍。也就是說，不要讓其他人聽見，保持一個私密感。這樣做既是對坐在你對面那個人的尊重，也是對其他不參與談話的人的尊重。

這就是我們講的第五個原則，我們跟別人語音、電話、見面，最好都能夠預先徵得對方的同意，打電話不要隨便開擴音，要讓對方具有知情權。

明確意思

第六個原則是，在對話結束之前，確認一下對方的意思。這是一個很好用的技巧。複述一下談話內容好處是什麼？第一，確保自己聽對了、聽準了、聽懂了；第二，讓對方再確認一下你們的談話，是不是雙方都理解正確了。

這個小小的行為可以很大提升效率，也能夠避免很多麻煩。這個原則和盡量用書面溝通是一個目的，就是減少誤會、減少歧義，讓雙方的溝通能夠更加順暢。

很多工作場合中，我們產生負面情緒往往是因為雙方的溝通不太順暢。很多時候你跟他講完了，事後他不認帳。大家在溝通的時候，既沒有書面傳達，又沒有二次確認，兩個人把自己想表達的講完了就散了，也許對方的理解和你要表達的意思千差萬別。

所以，在溝通結束之前，雙方確認一下，用簡單幾句話總結一下剛才談論的內容。「我的理解是這樣的，您覺得是不是對的？」只要加上這個步驟，可以避免很多的歧義和誤會。如果你說錯了，對方會及時糾正你；如果你說對了，對方也會確認。這是我們雙方都確認過的資訊。

把握場合

第七個原則是，在職場中注意時機和場合。有人在職場中不受歡迎，經常犯一些低階的錯誤，讓人覺得沒有禮貌，這是因為說話的時機和場合沒有選對。比如，你去找人家談一個事情，對方正在打電話，你卻直接大聲說出你的想法。這時對方會很難堪，他要麼會不耐煩地對你擺擺手，要麼不得已放下電話，然後跟你說「你稍等一下」。在這種情況下，應該等一等或過段時間再來，這就是時機和場合的事情。我們跟對方的談話內容，要符合當下的場合。

　　有些老闆在大家集體開會的時候，會點名批評某個員工，本來是要讓其他人引以為誡，實際上卻讓整個團隊呈現一種極不舒服的氣氛。因為，當眾批評別人是一個很不明智的舉措，這個就是場合犯錯。有人在開會討論工作的時候，會開一些不恰當的玩笑，或者大談特談自己的私事，這些都是不對的。所以在職場中，溝通的時機和場合要選擇準確。

公私分明

　　第八個原則是公私分明。公私分明是職場中必備的專業素養。「公」指的是我們作為職場中人的表現；「私」指的是作為個人的表現。公私分明的意思是，大家是因為工作的事情才聚在一起，工作這是一個前提。

　　我們與對方最重要的連結是工作，對方出現在職場中，不是為了來跟你交朋友，也不是為了滿足你的情感需求，只是因為同屬一個公司或一個專案。我們為共同的事業而服務，大家是因為這樣的功能性聚在一起的。所以在職場中跟任何人相處，我們都要牢記這一點，才能做到公私分明。

　　即使你不喜歡對方的性格，但我們在工作中也積極配合，這就是我們應該具備的職業素養。因為這樣的關係，所以要遵守公私分明的原則，在工作的場合，大家要盡量少談論私人的

事情，少牽扯私人恩怨、八卦，更不要把個人的情緒帶到工作交流中。對方工作時的情緒化，是很多人在職場中遇到暴力溝通的原因。

還有人提到這樣的問題：她發現，經常有同事把自己當垃圾桶，在工作的時間跑出來跟她聊天，美其名曰「你是我的貼心人，你是我的好朋友」，跟她聊家裡的苦惱和煩惱。然而，「把同事當作垃圾桶」真的非常不專業，因為大家並不是先基於朋友的情誼而交往的，而是先基於工作的關係而交往。尤其在工作的時間，要盡量少牽扯私人的恩怨。我們不要過度地暴露自己私人的事情，因為這未必是人家關心的，可能會耽誤別人的工作，也不要在工作的場合裡，談論私人的八卦。

不談醜聞

職場溝通的第九個原則是，不去傳播小道消息、公司八卦、同事醜聞等。職場溝通的原則是始終堅持職場的本質 ——「功能性」，大家為了工作一起努力，不是為了八卦、醜聞、小道消息的傳播。在工作中喜歡傳小話、講八卦或是背地裡說他人的人，即使當時有人讚同他的觀點，跟著一起吐槽，事後大家對傳八卦的人，態度往往都不好。因為這種做法屬於不專業的展現。這樣的消息傳遞和內容溝通，通常會帶有強烈的個人情緒，一旦

將情緒帶到工作當中，就是不專業的展現。如果你的同事一進門，就板著張臉坐在你對面，雖然他的情緒可能是由於他的個人狀況，但是坐在他對面的同事可能就背了黑鍋，要在合作的過程中忍受他的臉色、糟糕的情緒、難聽的說話語氣等。

因此，很多公司有這樣的規定，不允許員工之間談戀愛。規定的初衷，是由於員工在談戀愛的時候，最容易把情緒帶到工作中，影響正常的工作。很多公司的規定，往往是希望員工在公司的工作狀態相對獨立，能夠最大程度地保證長時間處於專業的職業精神裡。不要做那些溝通禁忌，少講這類的事情。沒有人會喜歡一個背後總是八卦的人。今天我們說別人的隱私，明天我們自己就成了別人的談論的對象。

團隊精神

第十個原則是，要注重團隊精神。生活中，我們可以自己對獨立做一件事；但在職場中，經常是一個團隊共同工作，人與人之間需要相互配合。在職場中還有一個很重要的禁忌，不要太過炫耀自己。這也是很多人在職場中常碰到的問題。在任何場合，太過炫耀自己的人都會給別人帶來不好的感受，在工作場合，這件事會更加敏感。因為在炫耀的時候，別人容易有一種被貶低、被輕視的感覺，在職場中尤為如此。

在職場中炫耀自己的個人生活，就更加不合適了。在職場中人際關係處理得很好的人，基本不善於自誇，卻特別善於自嘲。有時候自嘲也是一種藝術。當你能夠在表達時把自己稍微放得低一點，反而能更加贏得對方的尊重。當然，自嘲也不需要刻意而為。不去自誇是尊重、顧及他人感受的行為，背後都是尊重對方的需求。

在日常生活中，每個人都需要被尊重。我們不炫耀自己是一種考慮他人感受的行為。比如，跟我們交談的人是一個長期單身的人，或者對方剛剛失戀，我們就盡量避免提及自己伴侶的談話，這樣的行為就是顧及他人感受。

不要越位溝通

第十一個原則是，不要越位溝通。一個公司，無論大小都會有結構或組織，這些結構或組織的設定是為了讓工作順暢，讓公司有規則，公私分明，希望所有的成員都能夠圍繞工作本身。和上級溝通不越級是一個非常重要的原則。

不越位可以從兩方面理解，一方面我們要遵循職位的設定，假如你上面有一個直屬上司，不要越過這個直屬上司，向你上司的上司去溝通；另一方面不要在心理上越位，看自己的上司不順眼。我們有時會認為上司有些做法不對，但是即使不

認同他的做法，也不能夠把他當傻子。「當傻子」的概念是什麼？我過去在接觸個案的過程中，有很多人向我反映同樣的問題：他們發現上司特別傻，甚至覺得上司那麼笨、那麼傻、沒有修為、沒有本事，他憑什麼做主管？

一旦有了這樣的心態，基本上就是一種越位。帶著這樣的心態工作必然有情緒，因為我們不服氣、不甘心，很多時候跟對方的溝通是帶有情緒的。在心理上別把上司當傻子，一個人的職位比你高，確實不一定代表他的能力比你強，但是他坐那個位置肯定是理由的，即使我們不認同那個理由。你可以選擇的是，是否要留在這個職位，如果既留在公司又帶著強烈情緒去工作的方式，那是相當糟糕的。

很多時候因為立場不同，我們看不到對方全部的思維，可能會出現一些理解上的偏差。跟上級溝通的時候要做到兩點：第一不越位，第二要清楚自己的選擇。有些人跟上司溝通，遇到最大的問題是不喜歡上司的溝通方式。上司下達的指令、任務不願意做，不認同上司的意見，但不得不工作，就產生了委屈感，會覺得上司強勢，強迫自己做不喜歡的事情。

其實，遇到一個自己不喜歡的上司，就如同遇到了自己不喜歡的伴侶一樣。選擇繼續留在他身邊，還是選擇離開，我們都有自己的原因。但不管我們做什麼選擇，都需要為自己的選擇負責，認可自己的選擇。有人現在並不是很喜歡自己的工

作，但他很清楚自己需要這份收入，也許這份工作不能滿足自己百分百的興趣，但是它能夠提供生存資本，能夠讓自己活得很好。在這個情況下，自己是為了錢而留在這個公司的。

即使這樣，大家也需要知道，這是我們自己的一個選擇。當我們認可自己的選擇，明白要為自己的選擇負責的時候，就可以控制情緒，不帶情緒去溝通。很多人覺得自己受委屈、很可憐、被壓迫，其實來自不滿意的情緒感。在這種狀況下，大家需要知道，自己有這麼多的不喜歡，為什麼依然留在這裡？那是你的選擇，只有你清楚自己為什麼選擇，才能夠處理好情緒，用更舒服的溝通方式溝通。

有人在工作當中，不光與自己的上司不合，甚至與自己的合作夥伴，都會覺得和對方興趣不投、性格也不合。工作中如何相處呢？在這種狀況下，我們需要知道，我們因為工作才和對方相處的，並不是找一個愛人給自己，或者找一個密友給自己。他只是工作夥伴，他不需要跟我們興趣相同，也不需要跟我們性格匹配，只需要在工作上配合好就可以了。

個人形象

職場溝通的第十二個原則是，要注意個人形象。溝通不僅是語言形式，我們的外在形象、身體語言，都是一種強而有力

的溝通。在職場中，個人的形象是一個非常強大的資訊表達。在職場中基本的形象素養，也是我們專業的展現和對他人的尊重。週末在家，我們下樓買東西或者自己去逛街，可以穿一件特別舒服的衣服，不做任何的打扮，甚至不洗頭走在大街上，這是很個人的選擇。但是在職場中，大家因為工作聚在一起，基本的打扮是職場專業的展現，是對他人最基本的尊重。我們至少要做到衣服、頭髮乾淨整潔。

有人在職場中可能對自己沒這種要求，頂著三天沒洗、髒亂的頭髮就到公司了。這對同事可能是一種極大的折磨。衣服有時候確實是穿給別人看的，但並不是為了討好別人。確保一定程度的形象，實際上是對他人的尊重。因為公司畢竟是一個相對公共的場合，不是私人空間。

有的職業需要跟別人身體距離很近。比如化妝師，她在幫你畫眼影、塗粉底的過程中，就需要離你很近。我曾經出席一個活動，需要化妝，那次經歷令我印象特別深刻。化妝師是個女孩，她有嚴重的口臭，整個化妝過程我是倍受折磨的。我無法摀住自己的鼻子。旁邊有很多人，如果我當面指出來，對這個女孩子來說，太傷面子。我們華人尤其講究面子，當眾說一個女孩子有口臭、嘴巴很難聞，對方會下不來臺。所以當時基於對方面子的考量，我沒有講出來，但整個過程我是極不愉快的，需要忍受那種氣味。其實這就是缺乏一種職業素養，我相

信那個女孩子沒有意識到自己的問題。另外，如果有人跟你聊天，距離很近，講話的時候唾沫飛濺，這也是很不禮貌的。

化妝師這種職業，會有一些很專業的表現。他們會在幫他人化妝的過程中戴口罩或者嚼口香糖，這不僅是專業性的展現，也是非語言的表達。溝通並不僅僅是跟對方說話，我們跟對方的很多互動都是溝通的一部分。

在職場中，對自己形象稍微有些要求的人總是做得不錯。只要不是打扮得不合時宜（比如在公共場合穿領口太低或裙子太短的衣服，可能這樣的形象是讓人不舒服的）。我們在公共場合盡量讓自己看上去舒服乾淨，這是一個非常好的溝通狀態，讓別人覺得你對他人是尊重的、是在意的。你的形象是帶給別人愉悅的，而不是令人難以忍受。

講究距離

第十三個原則是注意界線感。職場是一個最講究界線感的地方，我們在職場中的界線感的重要表達就是距離，它不僅僅包括身體距離，也包括關係距離。身體距離很重要，職場中讓我們反感的人，很多是太沒有界線感的人，雙方還不熟，只是工作關係，他就搭你的肩膀或離你很近說話，這是非常不好的溝通狀態。

　　還有一種界線是「關係親近」的界線。我們在職場中，大家沒有太深的私交，大部分時間都在工作。基於這種關係，我們對各自隱私的深入是非常講究的。如果對方是你的客戶，才見過幾面，最好少打探別人的私人事情，少問特別私人的話題。如果大家只是工作上的往來，沒有太多私下的交往，我們就少聊一些私人的話題，少暴露自己的私人資訊，不要以為對方會很愛聽。有人會主動聊「我媽媽昨天怎樣了，我老公昨天怎樣」等自己的情況，其實對方不一定想聽。還是那個原則，職場是一個功能性的存在，大家要盡量多談雙方有共性的個人話題，而不是沒有共性的話題。因此，大家要在職場中注意界線，保持適當的身體距離，保持適當的關係距離。

　　這十三條職場溝通的原則對應的情況在職場非常常見。如果我們在職場中遵循這些原則，往往會成為一個比較好的溝通者，至少不帶給別人溝通的麻煩。有時對方沒有遵循這些原則，我們就變成了被暴力溝通的對象。比如對方沒有距離感、離你特別近；對方沒有尊重你的時間安排，直接打電話過來了；對方選擇的時機、場合不對，他在一個不合適的場合非要跟你聊天；對方沒有書面溝通的習慣，滔滔不絕地跟你講 20 分鐘，資訊量特別大，你根本記不住……當對方犯了這些禁忌的時候，我們應該怎麼辦？

　　我們需要勇敢表達，和善但堅定地表達自己的態度和原

則。也就是說,我們要引導對方尊重我們的原則,但要用一種相對接納的態度,而不是批評指責的態度。當對方沒有界線感時,他身為一個普通同事,沒見幾次面就勾肩搭背的時候,我們不要忍著,要禮貌堅定地拒絕對方。我們可以退後一步明確告訴他,「不好意思,我這個人不習慣跟別人這麼近。」當對方滔滔不絕地傾訴他的負面情緒時,我們可以帶著微笑告訴對方,「不好意思,我現在手頭有點忙,我要去把我的工作做完。」

　　以上這些原則,當我們自己去遵守的時候,在職場的溝通過程中我們會更受歡迎,會成為更好的溝通者,自己不會再犯這些禁忌。另外,當對方沒有遵守這些原則的時候,我們可以告訴對方到底哪些地方出了問題,什麼行為讓我們不舒服。我們要學會拒絕,學會保護自己,免受糟糕職場溝通的侵害。

第六課
協調現實生活：
非暴力溝通實用指南

很多人遇到這種情況，會迷茫和疑惑，非暴力溝通如何實踐？雖然我們明白應該如何溝通，並且學會了按照非暴力的方式去溝通，但是對方並不配合。對方依然在評論、批判，甚至問一些超越個人私人的問題。其他人可能沒有學習過非暴力溝通，跟我們不在一個頻率上，依然無意識地使用暴力的方式溝通。

課程案例中 S 同學提到，「在跟愛人相處當中，感覺不夠親密，希望跟愛人的相處能夠更加親密一些，能夠多說說各自的心裡話，多談談心。自己說的比較多，愛人回應的很少。老公常給自己的回應都是說教和評判。」這些聽起來都是暴力的溝通。我們在談感受，對方給我們的回饋卻是評判、說教，甚至是指責。我們該怎麼辦？如何才能用非暴力溝通的方法來改變這個狀況，讓彼此的關係更加親密？

還有一位 Y 同學提到，「在職場當中，一些同事，經常會流露出不屑的眼神，或者在溝通過程中，感覺對方特別強勢，凡事都要爭個高低，而自己很弱勢，也不知道如何拒絕對方的不合理要求。」對方可能會讓自己去做一些本來不屬於自己的事情，但是 Y 同學礙於面子，不好意思拒絕，也不敢去拒絕，內心受到了傷害。

暴力之根來源於二元對立

其實這幾類問題本質上都是一樣的。在生活中，面對別人施加給自己的暴力，我們應該怎麼辦？這就要說到思維方式的問題。如果我們不明白背後的原因，在實踐過程中就會困難重重。

實際上，暴力之根來源於二元對立的思維模式：我們內心深處不接受差異，不允許對方和自己有差異。再精準一點的表達就是，「暴力之根是來源於我們永遠認為自己是對的，自己是好的，別人是錯的，別人是壞的。」

暴力溝通和感到被暴力溝通的思維模式實際上是一樣的。也就是說，當我們因為別人的暴力溝通產生受傷害的感覺，這種感覺也是由暴力的思維模式產生的。我們不與暴力合作，就是不跟暴力溝通者陷入同樣的思維模式。

世界上不存在獨立的加害者或單獨的受害者。加害者和受害者往往是並存的，它們實際上是二元對立的兩面，相互依存。如果沒有加害者，就沒有受害者；如果沒有受害者，也就沒有加害者。從根本上講，保護我們自己不受到別人的侵犯、不被傷害、不讓自己成為受害者的解決方案，就是我們需要改變對加害者的態度。

說一個我們每個人都會遇到的場景。華人在過節時都有一

個傳統，就是一家人要在一起團聚。在外地工作的人，也會回到自己的老家，和親人團聚。我們講究親情文化，在這樣的聚會中，親戚們常會聚集在一起，這時往往會出現頻繁的暴力溝通。年輕人比較苦惱的問題是，到了一定的年齡回家總避免不了被催婚、催生，甚至生了之後還被催生二胎。

接下來就以這種狀況為例，來講解一下加害者和受害者的心態。當我們回到家，七大姑、八大姨、二大爺、三大舅總會揪著我們問，「你工作得順利嗎？」還常常會問到敏感的問題，「你到底賺多少錢？」「你打算什麼時候結婚呢？」催婚的苗頭開始了，還有人可能不客氣，直接開始說教，「妳也老大不小了，30多歲的人了，得快點結婚了，妳要是再不結婚，年齡大了就嫁不出去了」；或者會說，「再不結婚，妳生孩子就來不及了。女人跟男人不一樣，身體條件是受年齡限制的，妳大齡結婚、大齡生育，對孩子不好，對妳也不好。」

不僅是女孩，很多男孩在過節的場景下，也會被親戚逼問得無所適從。男孩子可能更多地被逼問事業狀況、結婚狀況等。當然，女孩被催婚、催生的比例更大一些。很多父輩們根深蒂固地認為，晚婚晚育這件事是錯的，這個認知來自他們內在的價值觀念。

內在的價值判斷來自他們生長的年代。70後、80後的父母輩，大多是50後、60後，在他們生長的年代，多數人是在30

歲前結婚的，甚至很多人在 25 歲前就已經結婚。在他們的認知世界裡，30 歲結婚太晚了。雖然他們已經來到現在這個年代，可思維仍然停留在 30 年前，因為有著固有的思維方式，才會問這些越界的問題。

面對婚姻問題，當親戚和父母用不客氣的方式來打探我們的隱私，甚至是說教、批判和干涉的時候，我們會覺得對方在暴力溝通，他們在勸說並告訴我們，他們的觀點才是對的。面對這種暴力溝通，我們到底應該怎麼辦？

被催婚催生的人，往往有兩種選擇。一種是與暴力合作，也就是同樣採取暴力的方式跟對方在精神層面合作了。這類表現方式有兩種，一種會特別憤怒，跟對方吵起來，「誰說 30 歲結婚就是對的？現在社會，30 歲以後結婚的根本不晚！」有人可能更生氣，直接嗆回去，「這是我自己的事，鹹吃蘿蔔淡操心，你不要管我了！」

另外一種方式是我們礙於面子，沒有嗆回去，也沒有跟對方吵架，但是我們心裡受了傷害，覺得自己特別受傷，覺得自己被暴力了。

表面上我們可能「樂呵呵」過去了，但是聚會散了，回到自己的空間，就會覺得特別受傷，可能還會拿起手機跟朋友吐槽，把委屈全說出來，「今天我親戚又催我結婚了，你說他們怎麼這麼煩，他們為什麼要這麼做？」這是很普遍的一種狀況，我

們感到受傷害了，覺得對方用暴力溝通的方式傷害到自己了，但因為某些原因，我們沒有直接反抗，而是自己默默承受。

很多人在這種狀況下，認為自己是一個受害者，自己沒有做錯任何事情，是對方做錯了。

受害者的感覺

受害者的感覺，也是暴力溝通思維方式的一部分。當我們認為對方做的錯，我們做的對；對方做了壞事，我們做了好事，實際上又陷入了好壞對錯的評判中。我們跟對方一樣站在了硬幣的兩面，他們選擇了其中的一面，我們選擇了另外一面。這就像辯論一樣，一人領了一個命題，一個是正方，一個是反方。

實際上，大家是平等的關係，處於同一場景中。當我們跟對方產生情緒、生氣的時候，或者當我們被暴力傷害的時候，我們的思維方式跟對方毫無差別。因為無論是我們感到生氣還是受傷，我們的想法都是你做錯事情了。身為親戚，你無權過問我的事情，這是我們的觀點。我們認為對方的價值觀是錯的。

長輩們認為 30 歲結婚太晚了，這是他們的觀點。我們的觀點是，30 歲結婚不晚。這兩個不同的觀點，思維方式本質上是一樣的，為什麼？因為親戚認為只有他們的想法是對的，而我們認為只有我們的想法是對的。我們和他們的思維方式是一模

一樣的。雖然說著完全相反的觀點，但內在的模式是完全一樣的。各自都認為「我是對的，你是錯的，我是好的，你是壞的；我堅持的是正確的，你應該改變你的生活，你應該變成我這樣。」

親戚要求我們變得跟他們一樣，年齡到了就應該趕緊結婚；我們認為親戚應該變得跟我們一樣，結婚不分年齡，何時都不晚。當我們產生受傷害的感覺時，我們也就成為了受害者，而受害者和加害者是同時存在的。這兩種思維本質是完全一樣的。唯一的差別是親戚扮演了暴力的發起者，我們扮演了暴力的接受者或配合者。

我們和親戚都在暴力溝通的思維方式中打轉。如果我們不跳出這種思維方式，就沒有辦法避免受傷害的感覺。當然，這裡我們指的是精神暴力，不是身體暴力。

除非你允許，否則這個世界上沒有任何人能夠傷害你。

受害者的感覺是一種假象

這句話是什麼意思？就是「不要與暴力的思維方式去合作，不要跟對方變成一樣的人」。其實它還有一種更深層次的含義：不要把對方想像成加害者。一旦我們把對方想像成加害者，那一瞬間，我們就成為了受害者。加害者和受害者是同時產生

的，只有受害者存在，加害者才會存在。再通俗一點說就是，「我們把對方想得有多壞，我們自己就有多可憐。」那種受傷害的感覺，實際是我們自己創造出來的，並不是對方給你的。

受傷害的感覺是對方給我們的，這是一種假象。我們越是活在這種假象當中，越會發現我們永遠沒辦法做自己人生的主人。因為我們認為受傷害的原因來自外界，來自別人。我們每天從家門出去，見到無數的人，經歷無數的事情，都有可能感受到傷害，因為我們無法做主，是一種非常被動的接受狀態。

出門時，樓下的保全斜著眼看了你一下，你受傷害了，認為對方不尊重你，他不應該這樣，你認為對方是加害者，你變成了受害者；走到公司，你發現公司的櫃檯臉色特別差，你跟他打招呼，他沒有抬頭，理都不理你。你認為對方不應該這樣，對方做錯事情了，你覺得受傷害了；回到工作職位，老闆叫你去開會，你發現老闆否定了你昨天提交的方案，老闆並沒有用你期待的方式來對待你，你又受傷害了；下班回到家，媽媽又開始催你，「不要天天加班，你這個年齡應該結婚了，你要把你的心思放在去交朋友上！天天只知道工作有什麼意義？」媽媽向你嘮叨，表達她的觀點，你又受傷害了，你認為媽媽做錯事情了，她身為母親不應該有這樣的觀點，更不應該用這樣的方式對待你。

如果我們站在受害者的角度，會發現這一天讓我們生氣、

讓我們受傷害的事太多了。甚至老天爺都能讓妳感到受傷，妳今天本來穿了條很漂亮的裙子出門，結果走在路上下雨了。妳會想「老天爺為什麼偏偏選擇我穿漂亮裙子的時候下雨？我今天剛買的白裙子，結果被濺了一身泥巴」，妳覺得連天氣都成了加害者，它不應該在這個時候下雨。受傷害的感覺來自受害者的思維方式，受害者的思維方式和暴力溝通的思維方式在本質上是一模一樣的。

我們理所當然地認為，「自己做的都是對的，自己的觀點都是正確的，自己做的事都是好的；別人跟我不一樣就是錯的，別人的觀點是不正確的，別人是壞人，別人的動機是糟糕的。」這種只喜歡自己的狀態，只認為自己是對的，是想把「跟自己不一樣的」全部消滅掉的希特勒模式。我們要麼成為製造麻煩給別人的暴力溝通的加害者，要麼會總是成為受害者，這兩種心理機制是一樣的。

如何從這種心理機制跳脫出來？當別人用暴力方式來對待我們時，我們一種反應是受害者的反應，會感到很生氣、很受傷，但我們還可以選擇另外一種反應，就是非暴力的反應。

當我們的親戚用不客氣的態度評判我們的生活，做出干涉甚至是要求的時候，我們要清楚地知道，這些觀點和態度是屬於對方的，本質上與我們無關。在他們的世界裡，他們真的認為「30 歲不結婚，真的就慘了。女人最重要的事情就是結婚，

不是工作。」「妳現在不結婚就是錯誤的。」我們的觀點跟他們不一樣，我們成長在新時代，是更年輕的一代，更了解自己的生活，也更了解自己的感受，我們有自己的觀點。

因為這些不同，我們的觀點跟他們不一樣。兩代人有不同的價值觀、不同的性格、不同的追求、不同的成長環境和經歷，因此對同一件事情有完全不同的看法。這樣的差異是很正常的，本質上誰都沒有錯，對方沒有錯，妳也沒有錯。

但很多時候，我們只看到自己沒有錯，我們理所當然地認為「我沒有任何錯」。我們自己沒有錯是真的，可是我們還需要知道，自己沒有錯，其實對方也沒有錯。我們生活中有很多溝通的矛盾，其實就是因為我們認為「如果我沒有錯，那就一定是你錯了。如果你是對的，那就一定是我錯」。

道德的制高點

我們從來沒有想過，其實大家有可能都是對的。我們總是本能地一定要分一個對錯，好像我們每個人必須得選擇一個陣營。一個人站了這一面，另外一個人就只能去另一個陣營，只能進入對立陣營，不能夠同時並存。這是我們的誤解。實際上，每個人有自己的觀點，大家都沒有錯。對方有建議、要求甚至暴力的權利，而我們有拒絕的權利。每個人都有權表達自

己的觀點，允許和接納別人的思維方式便是非暴力的。不要試圖消滅對方，也不要站在道德的制高點上指責對方。

父母站在道德制高點指責孩子的時候，會說「你這樣不聽我的話，就是不孝。」對方站在了道德制高點上指責我們，這時對方已經暴力了。我們認為，「你不應該這麼想，你用這樣的方式來要求我來孝順你，不是一個好父母，你根本就沒有無條件地去愛，你根本不配做父母。」實際上我們也是站在道德的制高點上指責對方。

本質上，孩子跟父母的行為沒有任何差別，只不過雙方站的立場不同。每個人都覺得自己對了，對方錯了；都覺得自己太可憐了，對方是加害者，自己是受害者。它是一個循環，我們跟暴力合作了。當我們跳到硬幣之上，離開字的那一面，也離開花色的那一面，跳到硬幣的這個中間的圓上，便超越了二元對立。其實，超越二元對立並不代表是非不分，並不代表我們要放棄自己的價值觀和觀點。我們仍然可以堅持自己的觀點，我們不需要用憤怒的情緒，或者受傷害的情緒來應對。

我們既不指責別人，也不指責自己。唯一需要知道的是，我們彼此之間有差異。如果我們能夠從根本上尊重差異，我們就不會受到傷害，也不再和對方跳到對立面上。如果每個人都在證明「對方是錯的，自己是對的」，那就是一個永遠沒有盡頭的戰爭，在戰爭裡面是沒有和平的。只有跳出戰爭才有和平。

只有跳出戰爭才有和平

在《非暴力溝通》這本書中，馬歇爾博士提到，我們面對不愛聽的話，往往有四種反應：指責他人、指責自己、接納他人、接納自己。它們是成雙成對的，指責他人和指責自己，是一對好兄弟；接納他人和接納自己，也是一對好兄弟。我們在指責他人的時候，其實很難避免不指責自己。

那些整日批判父母不該逼婚的子女，往往也會指責自己，「我沒資格遇到好姻緣。」而那些接受父母表達的子女，其實也接納了自己的狀態，他也不會逼自己，因為他完全清楚自己的選擇是為什麼，沒覺得委屈求全，沒有做任何犧牲，也不會讓自己因為任何外力而改變。當我們接納了別人時，本質上我們也接納了自己，這才是真正的非暴力溝通。當我們允許對方表達自己觀點的時候，當我們允許和接納對方的想法、言語和行為的時候，這種心理上的允許、心理上的接納，是一種極大的解脫。

如何說話，說什麼話，這是對方的權利。我們既無權干涉，也沒有能力干涉，更無法靠一己之力改變。我們需要明白的是，對方的這些言語也好，想法也好，行為也好，都不能夠改變我們自己的人生，那只是他們自己的一種表達。面對不同聲音、別人的暴力溝通，有強烈情緒反應的人，往往是在自己

的人生選擇中更容易妥協和犧牲的人。

越反感別人的反應，越想要讓別人改變，讓別人閉嘴的人，在生活中恰恰是容易妥協，容易犧牲自己的人。很多人一邊責怪父母太控制自己、太強勢，一邊委屈地去聽從父母的意見，做一份自己不喜歡的工作，或是選擇一個自己不夠愛的人；有人一邊痛恨自己的婆婆逼自己生二胎，一邊妥協去生了二胎。嘴上嚷嚷得越狠的人，實際上往往在行動上是越膽小的人；嘴上罵得越凶的人，往往是最不能堅持自己原則的人。

指責他人和指責自己是匹配的，它們是一套的。接納他人，接納自己，它們也是一套的。這個世界上沒有任何人可以逼我們結婚，逼我們生孩子，逼我們去做一份自己不想做的工作。別人能做的只是誘導我們，給我們壓力，最終做決定的仍然是自己。

每一次面對別人跟自己不一樣的觀點，或者別人的暴力溝通時，會極度生氣、特別受傷害的人，往往在內心深處是對自己的人生、對自己的性格的價值觀、生活方式都不夠堅定和不夠自信的人，因此別人才能輕易影響他。

實際上，你自己的情緒開關，你自己的感受完全不掌握在自己手裡，而是交給了這個世界上除自己之外的任何一個人，別人一個眼神就能讓你不高興、別人說一句話就能讓你難受一晚上；別人打探打探他的隱私，就能讓你發好幾天的火；別人

說兩句不中聽的話，他就能受傷得不得了。

　　別人能夠輕易地控制你，而你自己卻控制不了你自己。那些自認為是被逼無奈的人，實際上往往是自己先放棄了，自己先妥協了。我們越討厭對方的逼迫，越覺得對方在逼自己，越覺得對方是一個加害者，就越容易變成軟弱的受害者，越容易妥協。我們會不由自主加入這個戰爭當中，戰爭太累了。當你厭煩了戰爭想逃避時，最簡單的方式就是妥協。

　　非暴力溝通實際上是一種不參與戰爭的方式，是一種真正自由的方式，這也是甘地提出過的主張——「非暴力不合作」。我們很多時候需要溫柔地堅定自己，溫柔指的就是非暴力。堅定自己指的是不合作，沒有任何人可以強迫我們。很多人生氣、受傷，是因為骨子裡把對方想像得比自己要強大，認為對方能力比自己強，對方有能力逼迫自己。只要父母催得特別狠，最後就著急嫁了，只要婆婆說得特別誇張，最後就經不住誘惑生了孩子。

自我成長的力量

　　因為自己軟弱，我們才厭煩別人強勢。換一個角度來看，就是因為自己不夠強大，我們才會對別人的行為過度反應。很多人認為，「我被我的爸媽控制了，都是因為他們催得狠，我才

結了婚。都是因為他們逼得狠，我才生了孩子」。實際上，卻是妳自己給了對方這個權利。對方只是動動嘴皮子，說了他們的想法，妳就接受了，妳就認了，妳就聽了。可是基本上沒有人會把妳綁起來，扔到一個妳不喜歡、不願意嫁的男人的床上，更不可能在行為上逼妳懷孕，生出一個孩子。最終做決定的都是我們自己，是我們內在點了頭。

心靈成長的本質是自我的內在成長。無論什麼方法、什麼角度，根本的精髓都是一樣的。它幫助我們找回自己的力量，幫助我們重新成為人生的主人，幫助我們不再將自己的情緒開關交給外在、給予別人；讓我們能夠掌控自己的情緒，掌控自己的人生，選擇過上自己滿意的人生。

非暴力溝通的實質是自我成長。我們學習非暴力溝通都原因，接納別人，並不是「為了讓外在的世界更美好，讓別人感覺更舒服」。根本的原因是讓我們自己更舒服，讓自己更快樂，讓自己的世界更加和諧、更加平和，讓自己感受到更多的幸福，這些才是根本。

當我們明白這一點後，在生活中實踐非暴力時，就會輕鬆很多。如果我們能夠明白，我們人生鑰匙一直都在自己的手裡，便不會輕易把對方當成魔鬼，當成人渣，當成垃圾，當成暴力溝通的加害者。如果我們不認為自己是受害者，那對方就不是加害者，我們能夠理解對方只是在表達他們的需求而已。

　　如果我們能用更正常的心態來看待對方的行為，就不會有受傷害的感覺了。這時我們再來去應對相似場景的時候，就會輕鬆很多。聽到我們不愛聽的言語，要選擇非暴力的模式去反應。不要把對方想像成加害者，把對方想像成一個壞人，覺得對方在問一個不該問的問題。

　　下一次回家面對親戚催婚時，妳就能從親戚的角度來看，她挺關心妳的，或者挺八卦的。她想問的問題來自她的價值體系，我們平常心對待就好，當我們一旦沒有情緒關卡，一旦沒有進入到戰鬥模式，一旦沒有把對方想像成那麼壞的一個人，這事就好辦了。妳應對起來就會非常輕鬆，妳可以說：「謝謝關心，但我的白馬王子還沒來。」對方可能繼續說：「妳得積極找，不主動哪來的白馬王子呢？」妳可以回答：「我挺積極的，要不是來陪妳吃飯，我現在就出去找了。」也許大家哈哈一笑，這事就過去了。妳還可以換個話題或轉移話題，問問對方，「妳幾歲結的婚？妳當時是自由戀愛嗎？妳喜歡過幾個男生，妳有沒有暗戀過誰？妳現在幸不幸福？」

　　當妳能夠問出這些問題的時候，就已經在潛意識裡認為，跟親戚的談話就像兩個朋友，或者是晚輩跟長輩之間的一個普通談話，只不過妳們談論的話題是婚姻。妳問問我的婚姻狀況，我問問妳的婚姻狀況，大家就同一個話題溝通各自的想法，僅此而已。包括有人催生，「妳什麼時候要孩子，現在要

好。」如果妳不跟對方 PK，或者不在負面情緒狀況下，這個對話可能很快就結束了。「妳什麼時候要孩子呀？」「還在準備呢。」或者「什麼時候要孩子呀？」「我現在還沒什麼想法。」「早要早好。」「是，我知道，謝謝關心。」這話題就結束了。

很多時候大家帶著情緒，如臨大敵地對抗。「什麼時候要孩子？」「你管我，我就是不想要！你憑什麼干涉！」就這樣開始辯論和吵架了。非暴力溝通實踐的一個標準是我們的語言、語氣要柔和。但是，我們的態度要非常的堅定，知道自己是自己的主人，不要為了任何人妥協。我們沒必要跟對方在口頭上爭對錯，因為當我們一旦開始爭對錯的時候，就跟對方一樣，也在進行暴力溝通了。

溫和而堅定

溫和而堅定可以讓我們從受傷害的感覺當中走出來，能夠讓我們避免在未來跟別人相處的過程中受傷害。這是一個很重要的保護圈，就好像孫悟空畫給他師父的圈一樣，是很重要的保護。以上分享了我們面對別人的暴力溝通時，如何保護自己不受傷害。

我們在非暴力溝通實踐中同時也要注意，自己不讓別人添麻煩，不成為暴力溝通的加害者。課程案例中，Z 同學有一個

17 歲的女兒，她覺得「女兒太浪費錢，總是買一些大牌的口紅彩妝，吃飯時也總是點得太多，很浪費」。

媽媽在描述問題的時候提到，「我跟她爸爸在孩子很小的時候就離婚了，我覺得對待女孩子在金錢上不要太苛刻，什麼都要給她最好的。」實際上，媽媽自己是很矛盾的。一方面，她可能因為離婚的原因對孩子有一些虧欠，想要在金錢上給孩子最好的。可能也正是覺得這個原因，孩子養成了花錢比較隨意的習慣。但是另外一方面，媽媽又總覺得孩子是在浪費、在攀比。每當孩子花錢的時候，媽媽又會批判。孩子會有一種「自己不值得擁有、不配擁有的感覺」。媽媽很困惑，孩子也很困惑。

媽媽讓孩子產生的是兩個思維，一方面媽媽想要在金錢上彌補孩子，給孩子最好的生活品質；但是一方面媽媽有一套自己的邏輯，「我給你這些錢，你花在什麼地方上是好的，花在什麼地方上是不好的」。孩子會很混亂，一方面你讓她花了錢，她覺得你在經濟上是會滿足她的；另外一方面孩子又經常受到媽媽的指責，覺得在金錢上媽媽對自己是有批判的。孩子的標準很混亂，媽媽的標準也很混亂。

對媽媽而言，首先需要協調自己內心深處這兩種矛盾心態的衝突。媽媽自己要先理順了，她對孩子的這種給予，到底是應該怎樣的給，給到什麼程度？達到這個程度的標準就是，她心甘情願，能夠不委屈，然後按照這個標準執行給孩子；否則

的話，媽媽混亂，孩子也混亂。還有一些親子問題的問題，也是在應用中會覺得比較困擾的問題。

還有一位媽媽有過這樣的問題：自己的女兒在減肥，「一天只吃一頓飯，不吃主食。媽媽覺得女兒已經很瘦了，所以很心疼。媽媽想讓女兒理解媽媽的心意，減肥是可以，但是得健康的減肥。」

媽媽想跟女兒說明不吃主食的危害，想讓女兒知道這樣做的後果，要自己承擔。這也是兩代人觀念衝突的問題。父母不會覺得自己的孩子太胖，但是女孩子可能自己覺得胖了。本質上來講，每個人的身體都應該是自己做主的，尤其當孩子已經比較大了，已經開始邁進成年人的生活，就更需要自己做主了。女兒瘦身的堅持來自女兒自己的理念，她對自己有個標準，這個標準無法因外人改變。

我見過很多女孩子，可能只有 40 公斤、45 公斤，一般人覺得很瘦了，可她還是對自己不夠滿意。她的標準來自於她自己的認知，只有達到她自己的標準才能滿足。從媽媽的角度來說，媽媽的心疼也好，不滿意也好，其實衝突也是由於媽媽跟女兒不一樣的觀念。媽媽覺得，女兒不需要減肥，即使減肥，也不能不吃主食。這些觀念都是屬於我們個人的。對媽媽來說，她需要知道的是：世界上的事情分為自己的事、別人的事、老天的事，女兒的身體其實是她自己的事。雖然女兒是最親愛

的女兒，她是媽媽生下來的，是媽媽養大的，可是她仍然是別人。

本質上，媽媽做不了女兒的主，因為媽媽不能逼女兒吃，不能把女兒綁起來，張開女兒的嘴給她灌下去。媽媽對女兒吃飯的行為是沒有決定權的，只有建議權。建議的本質是什麼？就是我們可以提出建議，但對方接不接受是對方的事。媽媽建議女兒要健康減肥，但如果對方不認可，她也不會聽的。在這種情況下我們能怎麼做？

尊重和接納

我們能做的首先是接納對方。接納對方的意思是，先別急著評判對方是錯的。很多時候，我們的衝突就來自自己堅定認為對方是錯的，不吃主食就是錯的。如果帶著這樣的想法去溝通是沒有結果的，因為你們已經在戰鬥了，不會有一致性的統一。

我們要先明白，不吃主食不一定就是錯的。這個世界上有很多飲食的觀念，其中就有主食的危害大於益處。這沒有一個全世界統一的標準。白飯、麵條並不就一定是好的，或者一定是不好的。它確實是因人而異的。媽媽覺得主食好，那可以自己多吃點主食，但也要尊重孩子的需求。身為母親，她對孩子健康的擔心也特別能夠理解。如果女兒一天只吃一頓飯，媽媽

可以做的是，把那一頓飯做得好一點，女兒不吃主食，就做點健康的肉給她，多做點蔬菜。這些是媽媽能做到的。

媽媽如果跟孩子較勁，非要糾正女兒觀點，讓女兒認同媽媽，是很難的。除非哪一天，女兒自己可能不舒服了，她意識到不吃主食的危害了，她自己想要吃主食了，那個時候才能改變。要捨得讓你愛的人受苦，我們總是試圖避免讓我們愛的人受苦，但是這些往往是無用的。因為我們不能代替任何人去生活。有人注定要走一些彎路，是誰都攔不住的。更何況我們眼中的彎路對於別人來講未必是彎路。

媽媽唯一能做的就是尊重和接納。如果媽媽自己還是太擔心，那就做一些預備方案，比如等到女兒身體不舒服的時候要好好應對。最關鍵的是，不要活在對錯當中，不要執著於自己認為對的東西。有時候，我們太執著於自己認為對的東西。我們會為擁有了這一份「對」，為了證明自己「對」，而損害到了跟孩子的感情。

很多媽媽在孩子小的時候，每天就糾結在孩子對錯之中。媽媽想要給孩子最正確的東西，結果卻天天都在戰鬥，傷害了彼此的感情。最終即便證明「媽媽對了」又如何，感情沒了。我們沒有任何權力決定別人的人生，也沒有任何能力，能夠幫助別人把人生中的挫折和苦難全部刪除掉。身為媽媽可能需要慢慢學習，在心理上放手，允許孩子按照自己的方式生活。

外向和內向

另外一個媽媽也提出了關於親子的問題，這個問題是在非暴力的過程當中遇到的典型問題。她的兒子六歲，不喜歡在人多的場合說話，有時候拍照都不願意。媽媽在描述時，有明顯的情緒和批判，「我幫他拍照他都不願意！」她非常確定地覺得孩子做錯事情了。身為媽媽不能理解，為什麼我幫你拍照你不願意？你就應該喜歡拍照，為什麼你不喜歡拍照？這是一種控制和不允許。

我們有很多自己堅定地認為是對的東西。比如我們認為，喜歡拍照才是正常的，不喜歡拍照這是不正常的；在人多的場合願意表達是正常的，不願意表達是不正常的；小朋友畫完畫後，喜歡做分享是正常的，不喜歡做分享是不正常的。甚至有人覺得，外向是好的，內向的人都是糟糕的、不好的。

這些固執的、限制性的思維，阻礙了我們彼此之間愛的分享。如果媽媽一直堅定地認為自己是對的，那麼無論孩子是 6歲還是 60歲，我們跟孩子永遠都存在代溝。因為我們無法做到平等交流，我們總是在說服對方，要對方採取我們認為對的方式來生活。對於這個媽媽而言，需要思考的是，為什麼自己要讓孩子活得跟別人都一樣？這可能反映出我們身為大人對自己的一種內在要求，我們一定要活得跟別人一模一樣。我認為，

這是社會的病，是社會觀念的問題。

　　社會試圖讓每個人都變成一副模樣，大家都應該長得一個樣子：我們的體重都應該保持在一個區間，這才是完美的，太瘦了不行，太胖了不行；我們都應該比較大方開朗、喜歡分享，這才是好的品德，太內向不行，不愛說話不行。社會在要求我們變成一個模子，變成一個機器人，變成一個集體主義之下的一個模版產物。這對孩子的天生創造力是一種極大的扼殺。

每個人都不一樣

　　每個人都不一樣，開朗的性格有開朗的好處，沉默的性格有沉默的魅力。尤其對於孩子來說，他們在小的時候天性還未泯滅，呈現的狀態可能是最舒服的狀態。最自然、最讓自己舒服的方式就是最好的方式。對有同樣問題的媽媽們，我的建議是首先在心理上減少對孩子的批判，減少對孩子發火，嘗試換一個角度了解孩子。

　　很多家長不問青紅皂白地批判，「你這個行為不讓我滿意，你就是錯的！我很生氣，為什麼別的孩子可以你不可以？」家長沒有花時間去了解為什麼自己的孩子跟別的孩子不一樣。很多人沒有去了解產生差異的原因，而是直接貼標籤、做結論：你不分享、不拍照、不說話，你是錯的、糟糕的，你是壞的。我

們先給了一個負面標籤，當負面標籤貼在孩子腦門的時候，我們跟孩子就已經切斷了溝通。更好的方式是什麼？

我們在貼標籤之前，先用客觀的方式去了解一下。孩子不說話有不說話的理由，也許孩子內心在那一刻沒有說話的意願。對孩子來講，他可能都不明白為什麼自己要說話，為什麼畫完畫要分享。「我是在討好誰？我此刻就是不想分享。我是畫給我自己的，畫畫就很滿意了。」可能孩子的世界是不需要去尋求別人肯定的。當然也有可能是孩子害怕、緊張，不知道該怎麼說；他感到局促、不熟悉，他不擅長這種場合。他害怕被批評，害怕不被認可。這樣的狀況也是可能的。

無論如何我們需要先去了解孩子真實的想法。如果孩子覺得「我這樣就自己很舒服，我就很很好，我沒有任何問題」。家長就需要接納孩子狀態，因為孩子感到很快樂。如果孩子很緊張害怕，家長需要去幫助，協助孩子去解決掉他的緊張和害怕，而不是指責他：「你憑什麼緊張，你憑什麼害怕？」這種要求也是很不合理的。不帶評判地傾聽，不帶評判地觀察，也是非暴力溝通當中很重要的一個步驟。少貼標籤，多觀察，有耐心，多傾聽。

第七課
與自己和解：
創造內外舒展的人生

　　本節課第一部分，就是要先明白在覺知的狀態，我們才會有屬於自己的、清醒的選擇。覺知永遠是改變開始的第一步，是無數個「0」之前的那個「1」。

　　這次課程之前，看到很多同學在群裡分享這次訓練營的一些心得，大家的心得和分享都非常棒。透過大家的分享，能夠看到很多同學已經透過學習，領悟到非常深的層面，達到思維模式根源的那個點。一旦我們觸及根源，後續的學習就會變得輕鬆和簡單起來。

　　因為我們找到了問題的源頭，在問題的源頭解決問題是非常根本的方式，也是非常輕鬆的方式。

根源學習法

　　只有我們了解背後的原因，遵循的時候才能出於自願，否則只是聽從外界的聲音。我們覺得這個老師說得對，那個老師講得有道理，其實自己並不完全理解，這種練習就容易變成「迷信」：因為簡單、粗暴地相信這個人，或者相信這本書，自己就去做了，但並不知道為什麼。

　　這種情況下，外在的行為和內在的思維方式，是不太容易匹配的。也就是說，我們活在「應該」的層面，覺得應該這樣做，我們才去實踐。一旦我們懂得了背後的這些原因，懂得了

背後的原理，再去做練習的時候，就變成一種有覺知的狀態。

它變成了我們自己的一個清醒的選擇。因為我們知道為什麼做這件事情。這樣做起來就會非常堅定，少了很多情緒，也會變得非常順暢。

這是根源學習法的極大好處。比如有同學分享說，他覺得最有共鳴的是關於「加害者」與「受害者」這件事情：我們把別人想得多壞，就會有多受傷。

會認為自己是「受害者」其實是因為自己內心不自信，界線不夠清晰，內心力量不大、不夠堅定，於是選擇妥協，把對對方的憤怒發洩在對方身上，認為是對方害了自己。這是「受害者」的思維模式。

解決的思路是，要明白對方只是站在自己的觀念、自己的角度表達不同於我們的觀念，要接納對方可以有這樣的觀念。同時也要看到自己的角度，並從內心堅定自己的觀念不受對方影響，用平和的心態對待差異。這樣做就可以做到非暴力不合作了。

這位同學的總結非常精準，總結心得是很重要的。

如果你自己可以用自己的語言，把學到的東西精準地表達清楚，就證明你已經完全理解清楚了。只有我們特別理解的東西，才能夠表達清楚。這位同學至少在「加害者」和「受害者」關係和思維模式上，已經了解得非常清晰、非常到位。這是我

特別欣賞、特別開心的一件事情。

　　只有我們自己意識到「受害者」的來源，才能真正懂得背後的心理成因，及其背後的思維方式。

看見就是療癒

　　在懂得的那一剎那，看見就是療癒；懂得那一剎那，你的思維方式就已經改變。你對說話者的認知發生了徹底的改觀，這一瞬間，思維模式發生了本質的變化。

　　這只是個開始，我們過去的慣性依然存在。

　　也許一個人在懂得「受害者」模式之後，日後還有可能再次陷入「受害者」情結中，因為幾十年慣性的力量太大了。就好像有人經常按照一個路線開車回家，他會發現太熟悉了，熟悉到都已經不需要動腦子了。他根本不需要用大腦去思考，在哪個路口左轉，哪個路口右轉，它變成一種下意識，即使在聽歌、聊天，甚至心不在焉，他的身體也自然能做出正確的選擇。在哪個路口該左拐、再右拐，變成一種下意識，這就是慣性的力量。我們內在的思維慣性更是非常強大。這種徹底理解的思維和意識，是一個本質改變的開端。

　　也許未來還會出現這個情緒，但是因為我們完全明白背後的原因，就會用很短的時間意識到，自己又掉到過去的循環

裡，又犯了類似的錯誤。我們會很快速地調整自己，更快地從負面的慣性模式中跳出來。這樣，練習的速度、蛻變的速度就會加快。它是一個快速的、螺旋式的上升。這是一個非常重要的象徵，代表我們往前跨了一大步，有了非常大的進展。

還有同學說，自己在這次訓練營的過程當中，思維方式發生了潛移默化的影響和改變。「我和朋友在一起的時候，開始從理解別人的角度去想。自從聽了這期訓練營的課，感覺許多情緒都無影無蹤了，更加人性化，與之相隨的情緒也消失不見。」

成長蛻變的兩種途徑

這位同學提到的就是：我們的成長蛻變有兩種途徑，一種途徑是透過大量的練習，透過量變累積到質變；另一種途徑是透過徹底的、深刻的思維方式轉變，我們可以實現蛻變式成長。這種蛻變式的成長，你會發現不需要情緒的釋放。當了解背後的原因，改變思維方式的時候，很多情緒會自動消失，變得無影無蹤，並不需要去花很大心思釋放。因為情緒是伴隨著思維方式來的，我們的情緒是由偏差的、限制性的思維方式造就。

還有一位母親說，在親子關係裡面她懂得了對孩子的期待是自己的需求。孩子課業一直很好，但是玩遊戲很上癮，以前

總是擔心玩遊戲會玩物喪志，希望孩子不要玩。但學習了非暴力溝通後，懂得孩子的世界，也理解了孩子。以前總覺得自己和孩子無法溝通，現在覺得可能自己真不知道孩子的需求。

這也是一個非常大的轉變。很多時候，我們在生活中因為溝通的障礙，跟對方無法心意相通，兩個人都各持己見，大家都覺得「自己是對的，對方是錯的」。很多人就會輕易下結論，「我沒法跟你溝通」。當我們下這樣的定論時，愛的阻隔會變得更加堅硬，會更加無法穿越。

▌覺知是改變的第一步

所謂的無法溝通，也許只是因為我們不了解對方，我們不懂對方，我們根本不知道對方需要的到底是什麼。很多時候，我們自己都不知道自己需要的是什麼。了解自己都很困難，了解別人其實更不容易。當你明白到這個點的時候，對於很多矛盾、衝突，我們看待它的角度就不同了，處理起來比過去要容易得多。

還有一位同學分享說，他學會了首先要有自我覺察的能力，知道在遇到問題的時候，要去表達自己內心真實的想法。試著去理解他人真正的需求和感受。然後，不帶評判地說出事實、自己的真實感受和內心的需求，與對方共同找出解決問題

覺知是改變的第一步

的辦法。前提條件是，我們要帶著愛，不忘我們的初心，這樣
問題就會解決。這個過程不是一蹴而就的，我們要帶著耐心、
包容心、無限的愛心，不斷地學習成長，相信自己。

這位同學總結得非常棒，他把我們的課程極其精練地全部
表達了出來。他意識到，首先自己要做的是覺察，要有自我覺
察的能力。這是非常關鍵的。一切都來自覺察。我們要知道，
我們自己在做什麼、說什麼，我們現在處在哪個階段。

當我們對自己都沒有覺知的時候，根本談不上任何的改
變。覺知確實是首要的事情，我們提到要處理根源、了解差
異，要意識到自己是在哪種模式中，是處在「希特勒」模式，還
是處在「甘地」的和平自由模式？如果我們自己都沒有覺知力，
那麼這一切梳理都無從談起。

擁有覺知力，確實是我們首要具備的能力，也是可以幫助
我們的、非常好的能力。

從第一次課堂所講的根源、思維方式的改變，到後來不同
的主題 —— 從父母關係的角度切入，從夫妻關係、親子關係、
職場關係，包括各個其他場合的一些應用，都在某種程度上啟
發大家在生活的各個層面去覺知。覺知永遠是改變開始的第
一步。

曾經有位媽媽向我提出了一個問題，我當時的回答是，「首
先要恭喜妳，因為妳意識到自己有問題，妳現在開始反思了。

妳開始覺得，自己過去的模式是不對的，自己生活中的一些問題，自己跟孩子之間的隔閡是來自過去暴力的模式。」

這個覺知力，這個反思的開端，是一切改變的前提和基礎，是我們整個人生蛻變成長的最重要的一環。這就是「1」，有了這個「1」，後面的「0」才有價值。

覺知是非常了不起的。我們學習了一個課程之後，應該可以有一定的覺知力。我們意識到，自己身上存在哪些問題，自己身上的哪些模式可能是問題的原因。如果大家能夠說出這一點，就已經是很大的收穫了。

覺知開始是一個內驅力的開始，在內在的情緒裡面，會不斷運作、不斷生根發芽，變得有力量。覺知力生長於我們自己的體內，非常有價值，比學習技巧和理論更有價值。

世間最珍貴的是心法

世界上理論、資訊、技術是最容易找到的。如果想找關於溝通的技巧方法，在網上一查一大堆。但是心法很難，因為心法來自你內的在真實體會。別人只能去引導，讓你自己得到，而沒有辦法直接從知識層面獲取。心法才是最有價值、最寶貴的東西。如果大家能夠透過學習，有一定的覺知力，能夠看到你以前看不到的東西，能夠換一種思維方式，這是最大的收穫。

　　心口合一，做真實的自己。這是我們溝通的最核心的部分。一個人回歸到真實自己的過程，一定是不斷了解自己認知、真實想法、真實需求，與真實的自我對話的過程。

　　這次的主題是做心口合一的自己，創造內外舒展的人生。我們談到心口合一，很多人感覺這是一個很高的境界。「我怎麼能夠達到心口合一呢？是不是就是內外合一？這不是很難的一件事情嗎？」

　　其實難還是簡單，取決於我們如何理解「心口合一」的標準。如果你對心口合一的想像是：「我學了這節課，我知道了這些理念，我就能夠馬上做到內外合一、心口合一，從明天開始我就是個心口合一的人了，我能夠讓我的內在和外在合一，然後我不再有自我認知的障礙，我能夠真正地成為真實的自己，能夠做所有的決定，不再有困惑。」如果大家對心口合一的認知期待標準是這樣的，那確實很難達到。

　　要達到上述的境界，有人需要用一生的時間，甚至更準確一點說，這是我們每一個人一生的修行。就像「活到老學到老」一樣，學習是一件可以進行一輩子的事情，是沒有止境的。做真實的自己，讓自己不斷內外合一，讓自己更加統一、更加真實，其實也是一生的事情。這是沒有盡頭的，我們總會比過去更加真實、更加合一。

　　所以標準不是馬上就能做到的，它是有成長空間的。這個

世界上沒有一個固定的標準，具體規定什麼樣的狀況就叫心口合一。心口合一對每個人來講程度是不同的，我們應該拿什麼樣的進度和標準來衡量自己呢？就是和過去的自己比。心口合一的程度可以提升，但不像考試成績一樣可以簡單量化。

做真實的自己

我舉個例子，過去可能大家沒有覺知力的時候，我們的語言表達和內心實際想法經常是相違背的。我們非常壓抑自己的情緒，或者無法做自己生活中大的決定，時常處在迷茫、困惑中，這是一種不合一的狀態。我們需要跟自己做比較，透過學習、透過實修，可能比過去的自己進步了一點點。今天，自己在某一個時刻勇敢地表達了自己內心真實的想法，哪怕只是說了一句話而已，自己也比過去更加合一了。

做真實的自己，就來到了溝通的最核心的部分。

我們每天透過語言跟外界溝通，跟伴侶、孩子、父母溝通，跟朋友、同事溝通，這是聲音顯化在外部世界的過程。我們和除我們之外的個體溝通，這是大家都很熟悉的。

我們每個人的體內，還有大家普遍不熟悉的溝通。我們不熟悉是因為沒有特意拿出時間關心它，但並不代表它不存在。這種溝通就是我們每個人在腦海裡面的自我溝通。每個人都在

自己的頭腦中跟自己對話，不過對話的聲音沒有講出來，我們聽不到自己跟自己談話的聲音而已。

某天我過馬路在等紅燈的時候，看到一個女孩子在我前方，好像在打電話，聲音特別大。可是她說話的內容不像在打電話。因為人群很密集，大家距離非常近，我並沒有聽到完整的句子，只聽到了好幾個關鍵詞，是關於不開心的，比如這兩天感覺特別不好等。因為聲音有點大，我看向她，發現她兩隻手都占著，她沒有拿電話，兩個耳朵都沒耳機，也沒在旁邊看到在聽她說話的人。也就是說，她其實沒有跟別人講話，她是自己跟自己講話。

這個時候，我們會發現一件很有意思的事情，我們看到一個人如果跟別人講話，就會覺得特別正常。但是如果發現她對面沒有人或沒有在打電話，她是在自言自語，我們本能地就會覺得有點奇怪。為什麼？因為她和大多數人不一樣。我要強調一下，她未必是一個精神病人。

絕大多數的人不會大聲自言自語。我們整個社會環境不允許，大家覺得這不是常態。我們會把自己內心說的話，放到沉默的狀態，會選擇不講出來，腦海中的話只有自己知道。但其實，你能聽到腦子裡跟自己的對話，你在訴說一件事情，你在重複一種情緒，你在發表你的看法，只是你沒有講出來。

就好像我們走在馬路上，看到對面來了一個漂亮的女孩，也許我們內在就產生了一個聲音，「她真好看。」但是我們未必

會說出來。如果旁邊有個朋友，也許我們會跟他講出來，「你看那個女孩真漂亮。」但是如果旁邊沒有人，我們一般不會說出聲音。我們不會自己跟自己說，「哎，你看前面那個女孩真漂亮。」其實我們內在的聲音已經產生了，唯一的區別是旁邊有沒有人，我們有沒有講出來。

一種情況是旁邊沒有人，我們沒辦法分享出來，我們把這個聲音留在體內。另一種情況是，我們覺得我們的話不適合講出來，我們把它留在心裡了。

比如，上司安排了一個任務給你，這是你的工作，你就應該做。雖然已經到下班時間，但是上司就像不知道你要下班一樣，他安排的任務可能要一個小時才能完成。他安排工作給你的時候，是一副很自然的狀況，可能你心裡已經在罵街了，「真是黑心啊！下班了不讓我走，這麼剝削我！」這是心裡的話。你覺得不合適，就把心裡的話嚥下去了。一種情況就是這樣，我們覺得心裡面想說，但是說出來不太合適，我們不選擇說出來。即便對面有個人，我們也沒辦法跟他講。

還有一種狀況，我們在思考的時候，「我該不該做這個選擇？明天要不要去上班？要不要辭職？要不要生個孩子？要不要嫁給這個人？要不要跟這個人吵一架？」當我們做這些決定的時候，自己沒想好，也會在腦海當中跟自己商量、跟自己聊天，然後自己來權衡。

順應內心，行為才會順暢

這些聲音都是我們內在的聲音，是我們已經表達了的內在聲音，是沒有被講出來的語言。這些內在的聲音來自我們內心深處的渴望和需求。它是一種非常自然的反應。

當我們肚子餓的時候，就會有一個想吃東西的想法；當我們睏倦的時候，就會有一個想休息的想法。我們每個人幾乎每天都會產生無數個念頭、語言、行為，透過念頭、語言、行為的配合，我們每天在做不同的事情，在和不同的人打交道，構成聲音的體驗。

我們會因為我們自身的需求，發出一個念頭、一個想法，這就是語言的來源。這些想法的第一層是，它已經在我們的內在產生了，但沒有被講出去，是在跟自己對話；第二層是我們表達出來了，跟別人產生對話了，這就有了外在的語言；第三層才是我們外在的行動。先有了餓的念頭，才有了想吃東西的需求，然後才是去做飯或者點外賣、去餐廳。

我們講到心口合一，關鍵是首先需要透過外在的語言，再往回倒一倒，再去找一找，內在語言究竟是什麼？

為什麼講這個過程呢？我們說的行為都來自這個模式——念頭、語言、行為，我們知道根源在哪裡。在跟別人溝通之前，我們是不是還有一個內在的語言？我們對自己說的話，往

往比我們對別人說的話更加真實。也就是說，大家需要練習去覺察在腦海中跟自己說的話。從這些內在的話，我們追根溯源，找到內在的想法。內在的想法才是外在行為的主人，是真正主宰我們的語言、行動的老大，它才是「大 boss」。

如果你不了解你的「大 boss」，總跟老大唱反調，你就會發現心口不一，你會帶著面具生活，會走彎路。一個人回歸到真實自己的過程，一定是一個不斷了解自己認知、自己真實想法、真實需求，與真實的自我對話的過程。當你能夠聽到自己內心的對話，能夠承認、接納你的想法，不掩飾、不美化、不跟它唱反調、不違背它，這個過程就是一個回歸真實自我的過程。

J 同學提出一個關於心口合一的問題。她說：「我經常告訴自己，我應該養成每天收拾屋子的習慣。但是做起來，會有各種理由讓我放棄這個想法，我又後悔自己沒有養成習慣。有些事情，不用刻意就能養成習慣，但是做家事這件事，我完全是在逼迫自己做。老師，你說為什麼在做家事上，我就不能夠心口合一？」

的確，我們的行為和我們的想法出現矛盾了。她認為，哪怕自己的想法是「我願意，我應該養成習慣了」，但是做起來卻執行不下去，感覺自己是被逼迫的。根據我們講的邏輯，每個人每天做事的順序是：先有念頭，再有語言，才有行動。如果

我們的語言、行動是配合念頭的，就會非常輕鬆。

我們特別餓的時候，吃什麼東西都會覺得香；我們不餓的時候，非要塞東西到胃裡，天下美味放在眼前也吃不下。是我們的行為決定了想法，還是想法決定了行為？顯而易見，想法在前面，行動在後面。只有順應自己內心的想法，我們的行為才會特別順暢。

就像妳覺得，有時不用刻意就能養成習慣，為什麼呢？因為那些事情順應了妳內心的想法，再通俗一點說，那些事情是妳心甘情願做的事。妳自己先產生了這個念頭，認可自己的想法，做起來就非常容易。不存在強迫的事情。

那做家事這件事，問題出在哪裡？問題出在妳並不是真正願意做家事，妳不喜歡做家事。妳只是認為妳應該做家事。

這種應該的想法，不來自妳的內心，而來自外在。外在有可能是媽媽、婆婆或者社會上的觀念，其他人覺得，妳應該每天收拾家，不是妳發自內心地想這麼做，所以才會出現想法和行為的衝突。有人就是很討厭做家事，覺得擦地板、倒垃圾簡直太痛苦了。但這不代表，他們每一刻、每一天都不喜歡，有可能在某一個時刻也享受做家事。簡而言之，做家事這件事不是妳真正欣賞的價值觀。

有些人喜歡做家事，認為「把地板擦乾淨、衣服洗乾淨」是有愉悅感的。比如，我就有這種行為習慣，但我不是個家事

迷。我沒有多麼沉迷做家事，但是我不排斥。很多時候，我認可家事的價值，因為在我特別累的時候，或者我需要放鬆的時候，做家事能夠滿足我的需求。當我把碗放在水龍頭下，沖得非常乾淨，水流到陶瓷表面的潔淨感，會給我帶來很大的愉悅。當我把家裡收拾得很乾淨，檯面上東西非常少，自己處在一種很簡潔的狀態時，我會覺得，空間上的提升帶來我內心能量的提升。

每個人都不是一個永恆特點的持有者。這是什麼意思？每個人的喜歡和不喜歡是有可能根據不同時間改變的。比如在相當程度上，我算是喜歡家的人，收拾完房間後，我是喜歡的、快樂的、有愉樂感的。但是不代表，我能夠每天從早到晚都喜歡收拾房間，它是根據我的狀態改變的。比如，有時候一週中有一天我特別想做家事，可能花三個小時把房間收拾一遍，我很開心。但是如果變成每天都要花三個小時收拾房間，也許對我來講就是痛苦了。

所以一個人喜不喜歡收拾房間，是隨著時間、隨著場合改變的。除非每天收拾房間，帶給你的是愉悅，你不需要逼迫自己就願意去做。你要求自己每天收拾家，這是命令，你自己規定得非常死那麼做起來就會排斥。每天都收拾房間的人，一定需要非常喜歡這件事情。

我也碰到有人特別喜歡收拾房間，這是她的價值觀。她覺

得，每天把家裡布置得很漂亮，今天插個花，明天換一種新的洗滌劑，後天換一個方法擦馬桶，有無盡的成就感。確實有這樣的人，就像有人喜歡搗鼓電腦，有人喜歡鼓搗洗手間，有人喜歡把衣服洗得乾乾淨淨、熨得非常整齊，這些都是感覺到快樂的。

核查一下目標

如何調整「假的心口合一」，讓自己更真實？首先，我們需要意識到，當行為不能匹配想法，實現不了的時候，就不要逼迫自己了。讓自己更自然一點。如果總是做不到，那就說明我們為自己定的目標錯了。要麼是太難了，要麼根本就不是我們想要做的事。就算不逼自己，猜想你也做不到一個月不掃一次地，不收拾一次房間。所以不用擔心，不必再逼迫自己，這不會產生很嚴重的後果。

你需要改變目標，降低標準。既然你不能養成每天收拾房間的習慣，何必逼自己？說明你不喜歡這樣的方式，你不適合這樣的方式。不用每天收拾，你們家不做模範房，也不會每天有長官來檢查，何必逼迫自己？想做的時候就做，不想做的時候就放鬆一點。

心口合一的第一步是什麼？是我們需要知道自己的真實想

法。真實想法才是老闆，才是「大 boss」，如果它不同意、不點頭、不高興，你強迫也沒用，最終你還是做不到的。

有人問，心口合一是不是就是性子很直、說話很直？生活中經常遇到這樣的人，發現他說話傷人，但是他說，「我這人就是性子直，你別介意啊。」很多人認為，真實的自己就是不加修飾的自己，不加修飾就等於我想做什麼就做什麼，想說什麼說什麼，其實不是這樣的。

我們提倡大家做真實的自己，但要以不傷害他人為前提。40 歲的你，可能比 30 歲的你更了解自己。這是一個不斷成長的過程，我們對別人的判斷力，隨著自我認知而增加。

成長是過程，不是結果

有時，我們可以透過實踐判斷。當我們發現，有好幾次我們認真的時候，對方不認真，代表我們之前的判斷是錯誤的。生活中給我們的回饋，往往是最真實的回饋。我們會意識到，過去的看法是錯的，我認真了人家沒認真，代表我太當真了，人家只是說說而已。

我們可以總結一下，什麼樣的狀況你當真了。代表那個判斷是失誤的，對方可能只是隨口說說，但是你當真了，說明你們之間對同一件事情的看法、判斷存在差異。了解這個差異，

其實就成長了。下次對方再做同樣的事情，說狂話的時候，你就不會像過去那麼較真了。這是一個判斷的過程，是成長的過程，並沒有一個「放之四海皆準」的標準。

沒有人說，「我教你 1、2、3 這些步驟，你拿著這些步驟去判斷，只要用這個步驟，就能百分百判斷是不是心口合一。」其實，沒有這麼簡單的標準。因為每一種狀況都很複雜，它需要我們自己保持一致的狀態，不斷透過回饋來總結、實踐、提高，做真實的自己。

眼光向內看

真實的自己的兩個關鍵詞，一個是真實，一個是自己。這是一個向內看的過程。這個向內看，關鍵的節點就是需要持續地把焦點放在自己身上，不斷地看自己而不是看別人。

我們在練習非暴力實踐的過程中，很多同學已經很努力地在看自己了，可是過去的慣性仍然引導大家把眼光注意在別人身上。很多人說，「老師我聽懂了，外在的世界是內在的投射。」我們並沒有把它時時刻刻當作一個參照，指導自己內在的思維和行動。

很多人的眼光還是不斷在外面的，我們總試圖改變別人，我們總是把眼光放在外面。我們都覺得，「別人錯了，這個世界

的問題、我們的狀況是別人造成的。所以我要想做真實自己，我做不了。為什麼呢？因為我有很多被迫的情況，我有很多受委屈的情況，有很多不得不低頭的情況，因為別人做了壞事，別人做了不好的事，別人總傷害我，所以我不能做自己，我做自己的前提就是別人先變好。外在的世界首先改變，我才有能力做自己。否則的話，我一直很可憐，我一直很委屈，我一直在受傷害。」

這樣的循環，實際上仍然是在「受害者」情結中，仍然是把眼光放在外面的，我們的眼睛不收回來，就很難做真實自己。因為看到的都是外在，我們看不到內在的需求。

有同學提問，「透過非暴力溝通學習，我明白了我對家人一直在用暴力溝通的方式在交流。現在，我開始學習用非暴力溝通的方式與家人溝通。慢慢地，我感覺我丈夫對我的態度是尊重的，對我是有感情的。當他偶爾和以前一樣對我批評、指責時，我不再像以前那樣生氣了，我會試著觀察，尋找他指責背後的真正需求是什麼。我對女兒的認知也改變了很多。她一個人帶孩子，孩子健康成長，我承認她的艱辛付出，感覺她很棒。但是在與她視訊時，我們仍然有溝通方面的問題。比如，看見她對孩子發脾氣，大聲對孩子發號施令或訓斥時，我會克制住，不再去當面指責批評女兒。可是當我看見寶寶傷心地哭起來時，心裡不是滋味。我想告訴女兒，對寶寶態度好些，妳

對寶寶怎樣的態度，寶寶到外面對待別人也會是怎樣的態度。可我怕說出來又會變成說教，是暴力溝通，女兒不接受，所以只能沉默以對。不知道怎樣用非暴力溝通的方式，來表達我的需求。我試著用曉雅老師講的『觀察、承認差異、穿越情緒、釋放情緒』。但我不知道具體怎樣做才能穿越情緒、釋放情緒？」

這是非常典型的案例。這位同學透過學習已經做出很大的改變，是非常了不起的。我反覆講，每個人都應該為自己的改變鼓掌，我們都應該看到，我們自己已經做出了改變，我們的思維已經發生了變化，我們已經開始反思、開始進步了，這一點非常重要。

大家要習慣對自己表揚，對自己鼓勵，對自己感恩，這是一種極好的力量回饋，也是做真實自己的一個很重要的步驟。只有我們看到自己的付出，看到自己的努力，對自己嘉獎，嘉獎自己有進步的地方，我們才更有能量繼續成長。

很多人忽視了自己回饋的力量，做了一些努力之後，總期待別人來肯定，期待別人看到我們的成長，期待伴侶、孩子、父母、親人、朋友給予回饋，希望從別人嘴裡聽到自己的進步。可這時就忽略了我們是最了解自己的人，我們首先應該肯定自己、認可自己，激發自己的自信心，這是做真實自己的一個很重要的步驟。

我真心認為妳很棒，已經做出了很大的改變，至少因為自

己有覺知、有意識，能夠不再放任自己的情緒，能夠忍住不再當面指責女兒。妳覺得這是對的，不想重複過去錯誤的暴力模式，這很棒。

但是，妳的思維方式仍然沒有徹底改變。為什麼呢？妳不忍心看到，自己的外孫受到委屈。妳覺得自己女兒對待孩子的方式是錯的，因為對寶寶的態度不好，所以特別想告訴女兒，女兒對寶寶是怎樣的態度，寶寶到外面對待別人也會是什麼態度。

我們乍一聽，是不是覺得這句話好有道理？但這裡有一個很大的盲點，妳的目光再次從自己轉移到了別人，再次從內在轉移到了外在，妳又一次把目光放在了外面的世界，妳期待妳的女兒改變，妳認為妳的女兒錯了，所以妳的成長轉彎了。

成長是向內的需求

所有的成長都應該是向內的需求，成長的是我自己，而不是別人。我們只能管好自己的事，外在的世界是內在的投射。當我們用的時候就不會用了，我們又開始把眼光放在外在，我們開始把問題指向對方，我們覺得對方錯了、對方需要改變。就像這位媽媽那樣，她覺得，女兒錯了、女兒需要改變，自己很有道理，可是這位媽媽沒有意識到，其實她要對女兒說的

話，恰恰是她應該對自己說的，她女兒今天對自己的寶寶是這個態度，實際上恰恰反映了這個媽媽過去的暴力方式的影響。她講得很對，「妳對寶寶是怎樣的態度，寶寶到外面對待別人也會是怎樣的態度。」

女兒的狀況就是媽媽過去人生的一個巨大投射，這是媽媽過去的因，造就了現在的一個果。媽媽想要調整這個結果，想讓處在結果的女兒改變。這個方向錯了，因為女兒曾經是媽媽的寶寶，「妳對寶寶怎樣的態度，妳女兒在外面對待別人，也是這樣的態度。」媽媽需要明白這中間的投射。

曾經妳對女兒很暴力，如今女兒到外面對待她自己的孩子，對待妳的外孫也很暴力。這就是生活投射給我們的啟示。當妳能夠看到這樣的連結時，就是鏡頭翻轉的那一刻。

妳可以看到，我想要改變的外在世界，其實是一個鏡子，它能反射出，我自己應該改變的地方。妳想讓女兒對她的孩子好，可是妳對女兒卻充滿了指責和批判，妳希望女兒對她的孩子接納、包容、有愛，但是妳對自己的孩子是不接納、不包容，是批評和指責。

這是「心口不合一」。我們對自己的寶寶不夠充滿愛，不夠無條件地愛，卻要求我們的寶寶對她自己的寶寶無條件地愛。聽起來有點繞，不過大家應該能明白我的意思。我們要明白投射的道理，改變的重點不是女兒改不改，而在於妳對女兒的態

度。因為女兒對寶寶的態度，就是妳們過去關係的投射和結果。

　　妳想改變這個結果，就要在這個因上重新種植、重新耕種因。因不改，果怎麼改？對妳來講，女兒就是妳的寶寶，妳應該去踐行妳的理念。妳應該知道，妳想讓妳的寶寶改變態度，希望女兒改變態度，妳應該用自己的態度去影響她。妳希望女兒有愛、有耐心，恰恰代表妳需要對女兒有愛、有耐心、接納和包容。這才是妳要改變的原因和根本，這才是妳要做的。

　　當妳明白這一點的時候，妳會少一些糾結，妳會不再把重點放在對方身上，不再認為自己是理所當然有資格說教的人。因為妳自己都沒做到。當所有重心放在自己身上的時候，我們首先會要求自己，讓自己成為想成為的人，對別人才會有影響。從妳對丈夫相對成功的經驗來看，當妳試著不再用批判的眼光，而是去理解丈夫的行為時，妳會開始觀察，開始放下情緒，感覺到丈夫對妳態度的改變，這是一種良性的流動、良性的改變，等妳累積的功夫夠了，妳的量變累積得足夠多，女兒開始感受到，「媽媽對我不一樣了」。女兒不再像過去一樣，收到的都是暴力、批評和否定。女兒開始感受到，媽媽對自己更有愛了，媽媽對自己更接納了，少了很多批判，少了很多否定。

　　這個時候，女兒才有可能真的被妳影響到，變成一個能夠感受到愛的人，她才有能力給她的寶寶愛。這是唯一有可能發展的方向。我們經常建議家長，不要用說教的方式教育孩子。

這並不是簡單的對錯問題，不是因為說教是不對的，所以我們不應該，而是因為說教是沒有用的。

更真實的自己

為什麼要學習非暴力溝通，那是因為暴力溝通不好用。我們溝通是為了增進感情、生活更幸福。但是用暴力的方式，我們達不到目的。這個工具不好用，所以我們才需要學習非暴力溝通。非暴力溝通的方法更有效，它能夠實現我們的目標，能夠讓溝通變成一個好的工具，讓我們的感情更棒，生活更幸福。

這是我們學習非暴力溝通的原因。不是因為理論上說，「非暴力是對的，暴力是錯的」，不是因為對錯，而是因為好用，因為有效。

比如，我們剛剛講的媽媽對待女兒的方式，就是一個投射。很多時候，我們做不到真實的自己。我們永遠把目光放在外面，總是去審視別人，覺得要改變的是別人，做錯事情的是別人。我們活在對錯批判評論中，活在外面的世界中，我們從來沒有把目光放在自己身上，又如何能了解真正的自己呢？

做真實的自己，首先是回頭看看真實的自己，看見那個你內心深處的自己，他一直都在等著你，等著你多花些時間關心他，多花些時間跟他在一起，看見他、看見他的需求，接納他

的需求，理解他的需求。

　　這一份看見、接納和理解，就是成為更真實的自己、成為心口合一的自己必備的步驟，必走的階段和過程。

▎回歸愛的初心

　　解決「刀子嘴、豆腐心」的問題，回歸愛的初心。當你意識到自己柔軟的心的時刻，你就可以選擇更柔軟的語言。

　　我心很好，我就是說話難聽，該怎麼辦？如何不再「刀子嘴、豆腐心」？你要看到自己像「豆腐」一樣柔軟的心。你需要意識到，自己的動機是好的，當反覆的肯定，清清楚楚知道自己的動機是好的，自己真實的目的是什麼，你會能更輕鬆地選擇一個能夠實現內在動機的行為和語言。

　　媽媽清楚地知道，她和女兒的溝通是為了女兒好，不是說教式地為了她好。她意識到，她的初心是愛女兒的，希望女兒幸福，不希望傷害女兒，不在意女兒是對是錯。

　　重要的是，妳希望她開心，妳愛她。當妳把重點放在真正渴望的事情上時，妳會意識到女兒有愛、女兒幸福、女兒開心，她的感受才是最重要的。當妳知道了妳的真實目的時，會謹慎地選擇語言。妳牢牢地記住目標是讓她開心，不是讓她受苦，不是讓她難過，不是批判她。妳所有的動機都是為了愛

她，為了維護她的感受，妳會選擇讓她感受更好的語言。

這一刻我們的「豆腐心」，也可以變成「豆腐嘴」。簡單來講，妳的心是柔軟的，當妳足夠意識到自己柔軟的心的那一刻，妳就有能力選擇更柔軟的語言。這種匹配實際上就是心口合一，是真實的自己。

我們父母輩的人，相對內心更加封閉，很多人活在「刀子嘴、豆腐心」的狀況中。他們一輩子心口不一，我們覺著父母明明很愛我們，但是說不出好聽的話。他們說話很傷人，分不清楚哪個才是真實的父母。那個罵我的人是真實的，還是那個為我好的人是真實的？

因為對方不統一，我們不知道該相信誰。很多時候是因為他們不敢同意，也不知道自己什麼狀況。他們羞於表達自己的愛，是因為他們不足夠清晰地了解自己，自己內心真正的樣子到底是誰，他們也不了解自己。

做一個真實的、心口合一的自己，實際上是一種非常勇敢的生活方式。它代表你內在真正地認可自己。你對自己的認知，不建立在別人的評價和外界的評價上。你有自己的看法，你相信自己的判斷，你認可自己，知道自己的價值。即使別人不理解，也不代表你不夠好。

這是一種很勇敢的方式。很多人認為，最大的恐懼是來自黑暗，其實更大的恐懼是來自光明。很多人害怕成為一個足夠

好的自己，因為不知道別人是否接納，別人是否認可。這是因為找錯了方向，最需要被接納、認可的是我們自己。

願你對自己不離不棄

我認為全世界每個人都是一樣的。這一生，我們遇到很多人，父母、孩子、伴侶、朋友。任何一個人，他跟你再親密，能夠陪伴我們一生的只有我們自己。那個百分百支持你、挺你、愛你的人，只有我們自己。我們最不應該放手，也不能夠放棄的就是自己。

很多人走到谷底，難以再起來，就是因為對自己沒有信心。這其實不是別人逼迫的，是我們自己先妥協的。只我們才是脅迫拋棄自己的人，只有我們先放棄了自己，別人才有機會傷害你；只有自己先妥協了，別人才有機會強迫你。

從這個角度來講，每個人的內在才是真正強大的。只要你對自己不離不棄，只要你在任何時候都認可自己，花時間了解自己，你永遠都不會感受到孤獨。

從本質上來講，你從來都不孤獨。做一個真實的自己，「心口合一」的自己。如何透過內在來施展外在的人生，關鍵的環節是，把頭轉回來，把眼光收回來。透過外在的投射，能夠清楚地意識到，所有的功夫都在內心，所有的關鍵點都在自己身

上。我們花更多的時間去了解自己、接納自己、看見自己。這就是一個過程，就是一個開端，就是功夫。

這個練習我們做得越多，就會越輕鬆，變得越真實，越來越有能量、越能夠合一。每一個人都有能力做到這一點。當我們自己內在和諧了，我們跟別人的關係、跟世界的關係都更容易和諧；我們內在順暢了，外在世界也會順暢起來。

我們這次課程目的是讓大家透過對溝通本質的了解，深刻明白暴力背後的根源、非暴力的思維方式到底是怎樣的，從根源上理解情緒，理解思維模式，理解我們在各種關係中最本質的問題。這些精髓，相當於為我們的溝通打了很好的基礎，能夠讓我們進入到非暴力溝通的思維模式，這是根本性的改變。我們明白了差異的存在合理性，不再被動地活在限制性思維中。跳出負面的評價體系，重新看待人和人之間的連繫。

最後也祝福大家，能夠透過不斷練習、不斷內觀，更多頻次、更多時間看到自己、接納自己。希望大家做自己最大的支持者，永遠對自己不離不棄！

金句總結

1. 從本質上來講，你從來都不孤獨。

2. 溝通本質上是一個人和另一個人靈魂之間的對話，是靈魂之間的心意相通。

3. 不清楚背後的原因，大家在實踐中會困難重重。

4. 隱性的暴力通常指的是精神上所承受的暴力。

5. 我們內心深處對別人的評判，別人對我們的評判；父母對孩子的不信任、懷疑、否定、壓抑、控制；夫妻之間的不認可、爭吵，這些都是精神暴力。

6. 精神暴力才是身體暴力的根源。非暴力溝通講的是一種說話方式，更是一種思維方式。

7. 把注意力放在暴力之果上是毫無意義的。只有解決暴力之因，我們才有可能從根本上解決暴力溝通。

8. 這個世界到底從何而來？從「一」而來。

9. 世界是從一個合一的能量體而來。

10. 暴力的思維方式實際上來源於差異。

11. 很多差異能夠引起我們內心的戰鬥模式，是暴力的啟發器。

金句總結

12. 當我們活在二元對立的思維方式當中，就活在了無數的差異中。

13. 因為有了分別和比較，我們自然的會對事情進行評論。

14. 整個心理過程，我把它稱之為恐懼模式，它是由二元對立的思維主導，是一種恐懼的思維方式和心理模式。

15. 所有的衝突都來自於二元對立的思維方式。

16. 恐懼模式是根植於每個人內心的一種模式，世界上任何一個人都有，因為它符合人性。

17. 暴力溝通的模式就是恐懼模式，而非暴力溝通的模式就是自由的模式，兩者核心思維是不同的。

18. 只有站在以合一、平等為思想核心的思維模式中，我們才有可能從源頭上開始非暴力的溝通。

19. 任何評論都不是永恆的，時間會讓評論發生改變。

20. 審美之所以會發生變化，是因為審美是二元對立世界的評論。

21. 評判不可能永恆，因為評判存在於人們的觀念中，而人們的觀念是有局限性的。

22. 在當下的時刻，所有的好壞判斷都是非常局限的。

23. 情緒一旦失控，我們就會陷入負面情緒的漩渦裡面，沒有辦法抽離，更談不上理性的溝通了。

24. 所有的情緒都來自於我們需求互動的關係。

25. 每個人的身體內都住著各自的靈魂，我們的靈魂掌管我們的身體，掌管我們的思維。在我們的內在，在靈魂和身體之間，還有心智，也就是我們的大腦。

26. 所有的負面情緒，本質上都是因為內在的需求沒有得到滿足情緒的根源是一顆種子，那一顆「我們認為人和人理應一樣」的種子。

27. 我們對同一事實的評價，就像是我們對事實貼的標籤一樣，每個人的標籤都不同。這些標籤來源於什麼？來源於每個人獨特的個人經歷、家庭的氛圍、小的時候接觸到的人、自己的人生追求、自己的性格特質等等，非常複雜。

28. 只有跳出二元對立的思維方式，回到源頭，回到合一的思維方式，我們才有可能從根本上解除暴力的思維。

29. 我們需要接納差異性，而非消滅差異性。

30. 人和人之間的差異是存在的。

31. 我們需要跳出井底之蛙的限制性思維，從根源上跳出暴力的控制模式，進入愛與感恩的自由模式。

32. 非暴力溝通的精髓是，讓我們站到硬幣的中間，站到硬幣的邊緣，既不歸屬於負面，也不會屬於正面。不在二元對立的兩個對立面當中、好壞是非當中選擇一面，我們要同時擁有。

金句總結

33. 實際上，非暴力溝通更多的是一種思維方式，而不僅僅是一種說話技巧，說話的步驟和技巧也來源於內在的思維方式。

34. 技巧只是皮毛，不解決根本問題。

35. 只有把非暴力溝通的內在思維改變了，才有可能解決長久以來積蓄的創傷問題。

36. 思維方式改變的力量是非常大的，它從根本上改變我們的生活態度，改變我們看待世界的方式。

37. 只有我們內在的狀態改變了，我們外在的行為、外在生活的世界、跟別人的互動，才有可能得到改變，這是一個最基本的心靈法則。

38. 當我們的內在世界改變了，我們外在的世界才會相應的改變。

39. 外在是我們內在的一個投射。

40. 我們所有的抱怨情緒，都來自於對父母的期待沒有得到滿足。

41. 我們對父母所有的美好期待，都是我們期待精神父母的樣子。

42. 我們很多人理所當然認為，父母就是應該無條件愛孩子的。

43. 生理父母是一個客觀事實，它是不容改變的；

44. 精神父母是一種主觀期待，能否滿足是不確定的。

45. 結婚的時候是很愛的，但未必永遠相愛。

46. 生理父母不等於精神父母。

47. 永遠都不要因為別人的眼光和道德要求，去做某件事情，這樣會給自己一種「不得不」的強迫感。

48. 我們反覆強調，要接納差異。對差異的抗拒，想要消滅對方跟我們不一樣的暴君特質、希特勒的模式，是所有爭吵暴力的來源，也是所有創傷的來源。

49. 對自己負責的方式是：永遠把選擇權掌握在自己手裡，不要期待別人永遠按照你的心意，順著你來。

50. 不要對我們的生理父母抱有太多精神父母的需求，接納這個事實本身，放下對父母的期待，自己去做人生的選擇，並且為自己的選擇負責。

51. 天下最大的就是事實最大。

52. 冰凍三尺非一日之寒，療癒起來也不是一日、兩日就可以解決的，這是大家需要有的心理準備。

53. 親密關係是影響我們一生非常重要的一段關係。

54. 親密關係中的幸福度幾乎決定了我們整個人生的幸福度。

55. 從樹葉到樹根的路徑，沿途所有的探索、反思都是有價值的。當我們觸碰到源頭，才有可能根本解決葉子的問題。

療癒伴侶關係的時候，首先要改變的是思維方式和看待問題的角度。

56. 我們對理想伴侶的選擇，來自於我們更深層次的潛意識。

57. 我們理想伴侶的標準往往來自於內在的價值觀，以及我們的童年經歷。

58. 這些喜歡和不喜歡的正面特質、負面特質，都會以正面或反面的方式投射到我們對未來伴侶的選擇標準中。

59. 我們喜歡的人身上，往往有我們自己的特質。

60. 同頻的地方更容易讓他們彼此理解、彼此欣賞，這也是很多人愛的基礎。

61. 兩個人相愛可以是因為共性，也可以是因為差異，並沒有一個標準的答案。但是它們共同的特點是，兩個人彼此相愛都是因為對方滿足了我們深層次的需求，滿足了我們對理想伴侶的一種想像。

62. 在結婚後產生問題的原因往往是差異而不是共性。

63. 三觀合了才是同頻。

64. 三觀合指的是大的價值觀的匹配，而大的價值觀的匹配，就好像我們人類共同的需求一樣，它就很少的那麼幾種。

65. 三觀合不代表事事合。

66. 婚後，我們仍然認為三觀合等於事事合。我們希望，在無

數個小事上，對方都跟我們想的一樣、做的一樣，對方都能認可我們的觀點。我們認為，這才是同頻、才是靈魂伴侶、才叫精神的相互匹配，才是心有靈犀。這是我們對三觀同頻、靈魂伴侶的一種誤解。

67. 我們的矛盾在於，當我們發現自己和對方有不同的時候，為對方貼上了一個「不好」的負面標籤。

68. 「對方和自己不一樣的想法和習慣是錯的，對方是壞的，對方是需要改造的」，這是夫妻矛盾的根源，是隔閡的開始，也是感情崩塌的原因。

69. 每個人的性格都有各自形成性格的原因，本質上並不分「好壞對錯」。

70. 絕大多數婚姻中的問題，都展現在生活無處不在的小細節上。

71. 我們有一種期待，覺得我們彼此相愛了，我們是靈魂伴侶，就應該在很多問題上想法一致。當對方和我們預想的不一致時，我們就會有情緒，想要控制、改造、消滅對方，讓對方變得跟我們一樣。

72. 絕大多數婚姻中的問題，都展現在生活無處不在的小細節上。

73. 我們有一種期待，覺得我們彼此相愛了，我們是靈魂伴侶，就應該在很多問題上想法一致。當對方和我們預想的

金句總結

不一致時，我們就會有情緒，想要控制、改造、消滅對方，讓對方變得跟我們一樣。

74. 身體就是微觀的宇宙，宇宙就是宏觀的身體。

75. 我們每個人的內在都藏著另一半的自我，另一半的自我往往透過伴侶的方式展現給我們。

76. 每個人都失去了一半的世界。我們只用一半的自我，在完整的世界生活，更容易丟掉另一半的美好。

77. 好的狀態是整合的、完整的，是兩邊的世界你都有，而不是你只要一個。成為更加中性的人，是與更大的另外的自我合一。

78. 當我們跳出了對自我的執著和控制的時候，我們和對方的差異並不是造就感情隔閡的原因，執著和控制讓我們的愛相遠了、相離了。

79. 「親子關係」實際上是父母關係的一種映像投射，也是「父母關係」的延續和輪迴。

80. 父母是否能夠在精神上滿足我們、引領我們；是否能夠在性格、人品、教養、文化、追求等各個方面，讓我們發自的內心崇拜、尊敬，這件事情是可遇不可求的。我們對父母的要求是沒有道理的。

81. 當我們想要改造父母的時候，要求父母按照我們心目中的樣子去活，這也是一種扮演上帝的、非常自大的心態。

82. 只要孩子順利出生，我們就百分百是孩子的「生理父母」。這一點毋庸置疑，並不代表我們自然就可以成為孩子的「精神父母」。

83. 當我們的內在小孩被喚醒時，那一份創傷的記憶也同時被喚醒了。在被喚醒的那一刻，我們會瞬間性的忘記，自己已經是父母的角色，面對的是自己的孩子，而不是自己的父母。

84. 在「親子關係」上遇到的問題，往往是在「父母關係」上，尚未解決問題的一種重現。透過跟孩子的互動，往往能夠看到自己內在尚未解決的問題，它是一種外在的提醒，提醒我們需要回到內在，解決自己跟父母源頭的問題。

85. 一個媽媽或是爸爸，如果在親子教育的問題上，出現了很多煩惱和困惑，往往在於他自己在「父母關係上」還有一些心結沒有過去，有些問題沒有解決。當孩子處在弱勢狀態，內心又不接受父母的某些做法時，他們沒有辦法鼓起勇氣，直起腰板反抗。他們會採取其他方式來進行反抗，往往是用發洩情緒和不配合的方式。你越在意，他越不配合。這表現出，孩子對父母有一種不成全的心態。

86. 很多時候上升到道德層面上的批判，就是人的惰性的本能和勤奮本能，這種兩種本能之間的抗衡，是人的自主力量。

金句總結

87. 孩子越長越大，他和父母的關係會越來越遠。孩子變得越來越獨立，越來越不依賴父母，這是一個必然的過程。

88. 父母和孩子，是兩條曲線。父母的曲線由高向低不斷的蛻變。當一個父母處於中年的時候，生命軌跡開始向下走。當一個孩子成人之後，生命軌跡開始向上走。兩條曲線來到中間的交界點之後，會漸行漸遠。我們跟孩子的關係就是這樣的關係。

89. 你的孩子正在長大，他正在變得獨立，這是件好事。你仍然可以去表達自己的關心和愛，但是要主動的減少一些對孩子的限制和過度關照。同時，你要主動的去尋找一下自己的世界。

90. 溝通並不僅僅是跟對方說話，我們跟對方的很多互動都是溝通的一部分。

91. 我們要引導對方尊重我們的原則，用一種相對接納的態度，而不是批評指責的態度。

92. 如何將非暴力溝通運用在生活的各個層面，需要一種思維方式的轉換。

93. 暴力之根來源於二元對立的思維模式 —— 我們內心深處不接受差異，不允許對方和自己有差異。再落地一點的表達就是，「暴力之根是來源於我們永遠認為自己是對的，自己是好的，別人是錯的，別人是壞的。」

94. 暴力溝通和被暴力溝通的思維模式實際上是一樣的。

95. 如何將非暴力溝通運用在生活的各個層面，需要一種思維方式的轉換。

96. 暴力之根來源於二元對立的思維模式 —— 我們內心深處不接受差異，不允許對方和自己有差異。再落地一點的表達就是，「暴力之根是來源於我們永遠認為自己是對的，自己是好的，別人是錯的，別人是壞的」

97. 暴力溝通和被暴力溝通的思維模式實際上是一樣的。

98. 除非你允許，否則這個世界上沒有任何人能夠傷害你。

99. 不要把對方想像成加害者。一旦我們把對方想像成加害者，那一瞬間，我們就成為了受害者。

100. 受傷害的感覺是一種假象。

101. 受害者的思維方式和暴力溝通的思維方式在本質上是一模一樣的。

102. 不要試圖消滅對方，也不要站在道德的制高點上指責對方。

103. 當我們接納了別人，本質上我們也接納了自己，這才是真正的非暴力溝通。

104. 非暴力溝通實際上是一種不參與戰爭的方式，是一種真正的自由的方式。

金句總結

105. 因為自己的軟弱，我們才厭煩別人的強勢。

106. 非暴力溝通的實質是自我成長。

107. 媽媽唯一能做的就是尊重和接納。

108. 我們沒有任何能力能夠決定別人的人生，也沒有任何能力，能夠幫助別人把人生中的挫折和苦難全部刪除掉。

109. 社會試圖讓每個人都變成一副模樣，大家都應該長的一個樣子。

110. 不帶評判地傾聽，不帶評判的觀察，也是非暴力溝通當中很重要的一個步驟。少貼標籤，多觀察，有耐心，多傾聽。

111. 覺知永遠是改變開始的第一步，是無數個「零」之前的那個「一」。

112. 一旦我們觸及到根源，後續的學習就會變得輕鬆和簡單起來。

113. 因為我們找到了問題的源頭，在問題的上游、在源頭解決問題是非常根本的方式，也是非常輕鬆的方式。

114. 「受害者」其實是自己內心不自信，界線不夠清晰，內心力量不大、不夠堅定，於是選擇妥協，把對對方的憤怒發洩在對方身上，認為是對方害了自己。這是「受害者」的思維模式。

115. 在懂得那一剎那，看見就是療癒；懂得那一剎那，你的思維方式就已經改變。

116. 我們的成長蛻變有兩種途徑，一種途徑是透過大量的練習，透過量變累積到質變。另一種途徑是透過徹底的、深刻的思維方式轉變，我們可以實現放下屠刀、立地成佛的蛻變式成長。

117. 思維的徹底理解和覺知，是本質改變的開端。

118. 我們的成長蛻變有兩種途徑，一種途徑是透過大量的練習，透過量變累積到質變。另一種途徑是透過徹底的、深刻的思維方式轉變，我們可以實現放下屠刀、立地成佛的蛻變式成長。

119. 所謂的無法溝通，也許是因為我們彼此不了解對方，我們彼此不懂對方，我們根本不知道對方需要的到底是什麼。

120. 當我們對自己沒有覺知的時候，根本談不上任何的改變。

121. 覺知永遠是改變開始的第一步。

122. 心口合一，做真實的自己。這是我們溝通的最核心的部分。

123. 心口合一的第一步是什麼？是我們需要知道自己的真實想法。

124. 我們提倡大家做真實的自己，是以不傷害他人為前提的。

金句總結

125. 一個人回歸到真實自己的過程，一定是不斷地了解自己認知、真實想法、真實需求，與真實的自我對話的過程。

126. 正常人與精神病人唯一的差別是 —— 精神病人把心裡的話講出來了，正常人只保留在心裡。

127. 這些內在的聲音來自哪裡，來自我們內心深處的渴望和需求。

128. 我們會因為我們自身的需求，發出一個念頭、一個想法，這就是語言的來源。

129. 一個人回歸到真實自己的過程，一定是一個不斷了解自己認知、自己真實想法、真實需求，與真實的自我對話的過程。

130. 這種應該的想法，不來自於你的內心，而來自外在。

131. 每個人都不是一個永恆特點的持有者。

132. 大家要習慣對自己表揚，對自己鼓勵，對自己感恩，這是一種極好的力量回饋，也是做真實自己的一個很重要的步驟。

133. 所有的成長都應該是向內的需求，成長的是我自己，而不是別人。

134. 為什麼要學習非暴力溝通，因為暴力溝通不好用。

135. 我們的「豆腐心」，也可以變成「豆腐嘴」。

136. 當你足夠意識到自己柔軟的心的那一刻，你有能力選擇更柔軟的語言。

137. 最大的恐懼是害怕黑暗，其實更大的恐懼是害怕光明。

138. 這一生，我們遇到很多人，父母、孩子、伴侶、朋友。任何一個人，他跟你再親密，能夠陪伴我們一生的只有我們自己。那個百分百支持你、挺你、愛你的人，只有我們自己。我們最不應該放手，也不能夠放棄的就是自己。

139. 願你對自己不離不棄。

電子書購買

爽讀 APP

國家圖書館出版品預行編目資料

非暴力溝通，療癒關係的正向溝通法：促進內在和平、建立外在和諧，揭開深層人際關係的祕密，關於「溝通」的七堂實踐課！/ 曉雅 著 . -- 第一版 . -- 臺北市：崧燁文化事業有限公司，2024.02
面；　公分
POD 版
ISBN 978-626-357-995-8(平裝)
1.CST: 溝通技巧 2.CST: 人際關係 3.CST: 說話藝術
177.1　　113000676

非暴力溝通，療癒關係的正向溝通法：促進內在和平、建立外在和諧，揭開深層人際關係的祕密，關於「溝通」的七堂實踐課！

臉書

作　　者：曉雅
發 行 人：黃振庭
出 版 者：崧燁文化事業有限公司
發 行 者：崧燁文化事業有限公司
E - m a i l：sonbookservice@gmail.com
粉 絲 頁：https://www.facebook.com/sonbookss/
網　　址：https://sonbook.net/
地　　址：台北市中正區重慶南路一段六十一號八樓 815 室
Rm. 815, 8F., No.61, Sec. 1, Chongqing S. Rd., Zhongzheng Dist., Taipei City 100, Taiwan
電　　話：(02) 2370-3310　　傳　　真：(02) 2388-1990
印　　刷：京峯數位服務有限公司
律師顧問：廣華律師事務所 張珮琦律師

定　　價：299 元
發行日期：2024 年 02 月第一版
◎本書以 POD 印製
Design Assets from Freepik.com